OPTIMIZACIÓN Y CRECIMIENTO

Toma de Decisiones Basada en Datos

CONSULTORIA IA

Copyright © 2024 CONSULTORIA IA

All rights reserved

The characters and events portrayed in this book are fictitious. Any similarity to real persons, living or dead, is coincidental and not intended by the author.

No part of this book may be reproduced, or stored in a retrieval system, or transmitted in any form or by any means, electronic, mechanical, photocopying, recording, or otherwise, without express written permission of the publisher.

Cover design by: Art Painter
Library of Congress Control Number: 2018675309
Printed in the United States of America

A NUESTRA FAMILIA

CONTENIDOS

Titulo

Derechos de autor

Dedicatoria

Breve Reseña

Audiencia objetivo

Porque leer este libro

Prefacio

1. Fundamentos de la Toma de Decisiones Basada en Datos

2. Optimización de Procesos a Través de la Analítica

3. Crecimiento Sostenible: Estrategias Data-Driven para Expandir tu Negocio

4. Toma de Decisiones Inteligentes con Datos

5. Medición y Optimización del Rendimiento Empresarial

Apéndices

BREVE RESEÑA

Optimización y Crecimiento: Toma de Decisiones Basada en Datos es una guía esencial para empresas y profesionales que buscan aprovechar el poder de los datos para impulsar la eficiencia y el crecimiento sostenido. El libro explora cómo la analítica de datos, las herramientas tecnológicas y la interpretación adecuada de la información pueden transformar la toma de decisiones en las organizaciones. A través de ejemplos prácticos y estudios de casos reales, esta obra enseña a optimizar procesos, identificar oportunidades de mercado, y tomar decisiones estratégicas informadas, todo con el objetivo de maximizar el rendimiento y asegurar un crecimiento continuo en un entorno empresarial altamente competitivo.

AUDIENCIA OBJETIVO

1. Directores y Gerentes: Líderes empresariales que desean mejorar la eficiencia operativa y tomar decisiones más informadas utilizando el análisis de datos.

2. Analistas de Datos y Científicos de Datos: Profesionales enfocados en convertir grandes volúmenes de datos en insights estratégicos que impulsen el crecimiento empresarial.

3. Consultores de Negocios: Asesores que buscan ayudar a sus clientes a implementar estrategias basadas en datos para optimizar sus operaciones y mejorar su competitividad.

4. Emprendedores y Startups: Fundadores y líderes de pequeñas empresas que quieren aprovechar las herramientas de análisis para acelerar su crecimiento y tomar decisiones más precisas.

5. Estudiantes y Profesionales de Negocios y Tecnología: Personas interesadas en adquirir habilidades en toma de decisiones basada en datos y en entender cómo la analítica puede aplicarse en diversos contextos empresariales.

6. Responsables de Marketing y Ventas: Profesionales que necesitan optimizar sus estrategias basadas en el comportamiento del cliente, predicciones de tendencias y análisis de rendimiento.

Este libro es ideal para aquellos que buscan integrar la ciencia de datos en la toma de decisiones diaria para maximizar el impacto y el éxito de sus organizaciones.

PORQUE LEER ESTE LIBRO

Optimización y Crecimiento: Toma de Decisiones Basada en Datos es una lectura esencial porque:

1. Transforma la toma de decisiones: Este libro te enseña cómo utilizar datos para tomar decisiones más precisas y estratégicas, eliminando las suposiciones y basándote en información confiable.

2. Mejora la eficiencia y la competitividad: Al aprender a optimizar procesos mediante el análisis de datos, podrás identificar áreas de mejora, reducir costos y aumentar la productividad, dándole a tu negocio una ventaja competitiva.

3. Te conecta con las últimas tendencias tecnológicas: El libro aborda herramientas y tecnologías avanzadas como inteligencia artificial, aprendizaje automático y análisis predictivo, ayudándote a estar al día en un mundo empresarial digital y en constante cambio.

4. Ofrece soluciones prácticas: Más allá de la teoría, incluye estudios de casos y ejemplos reales que muestran cómo las empresas exitosas utilizan los datos para crecer, dándote estrategias aplicables de inmediato.

5. Impulsa el crecimiento sostenible: Aprenderás a utilizar los datos no solo para mejorar el presente, sino también para prever tendencias futuras y asegurar un crecimiento a largo plazo.

6. Es accesible para todos los niveles: Tanto si eres un ejecutivo experimentado, un emprendedor, o un profesional técnico, este libro te ofrece conocimientos claros y prácticos para mejorar tu negocio, independientemente de tu nivel de experiencia con los datos.

Leer este libro te permitirá aprovechar el poder de la analítica para tomar decisiones más inteligentes, optimizar tus operaciones y alcanzar un crecimiento sólido en el entorno empresarial actual.

PREFACIO

Vivimos en una era donde los datos son el recurso más valioso para las organizaciones. En el pasado, las decisiones se tomaban basadas en la intuición, la experiencia o, en muchos casos, en simples conjeturas. Hoy en día, tenemos a nuestra disposición una cantidad sin precedentes de información, y las empresas que saben cómo aprovecharla se destacan en el mercado. La toma de decisiones basada en datos no solo transforma las estrategias empresariales, sino que también redefine cómo operamos, cómo interactuamos con los clientes y cómo planificamos el futuro.

Este libro nace con la convicción de que la optimización y el crecimiento no son el resultado de la suerte, sino de decisiones inteligentes, informadas y estratégicas. A lo largo de mi carrera, he tenido la oportunidad de observar cómo las empresas, grandes y pequeñas, experimentan transformaciones extraordinarias cuando adoptan una mentalidad basada en datos. Sin embargo, también he visto cómo muchas organizaciones fracasan al no saber cómo utilizar esa información de manera efectiva.

Mi objetivo con Optimización y Crecimiento: Toma de Decisiones Basada en Datos es ofrecer una guía clara, accesible y práctica para cualquier profesional o líder que desee entender cómo los datos pueden revolucionar su negocio. Desde los fundamentos del análisis hasta las aplicaciones más avanzadas de inteligencia artificial y aprendizaje automático, este libro ofrece un recorrido completo por las herramientas y metodologías que están remodelando el mundo empresarial.

Este no es solo un libro para analistas o científicos de datos; es una obra diseñada para ejecutivos, gerentes, emprendedores y cualquier persona que quiera tomar decisiones más inteligentes y obtener una ventaja competitiva. Mi esperanza es que al leer estas páginas encuentres las respuestas que buscas y, sobre todo, que descubras nuevas preguntas que te impulsen a seguir explorando las infinitas posibilidades que los datos pueden ofrecerte.

Te invito a sumergirte en este viaje hacia la optimización y el crecimiento, donde los datos son el motor y tú eres el conductor que lleva a tu organización hacia el éxito sostenible.

Con gratitud y entusiasmo,

CONSULTORIA IA

1. FUNDAMENTOS DE LA TOMA DE DECISIONES BASADA EN DATOS

Vivimos en una era en la que los datos son considerados el nuevo oro. Para cualquier empresa que quiera optimizar sus operaciones y acelerar su crecimiento, la toma de decisiones basada en datos (o data-driven decision-making) es clave. Este enfoque no solo mejora la eficiencia, sino que permite a las empresas ser más precisas y ágiles frente a cambios en el mercado.

En este capítulo, exploraremos los fundamentos de la toma de decisiones basada en datos, qué es y por qué es tan importante, y cómo puedes aprovechar el poder de los datos en cada etapa del proceso, desde el análisis descriptivo hasta las predicciones sofisticadas que impulsan el futuro de tu empresa.

1.1 ¿Qué es la toma de decisiones basada en datos?

La toma de decisiones basada en datos implica el uso de información cuantificable y objetiva para guiar el rumbo de una organización. En lugar de depender de la intuición, las corazonadas o las experiencias pasadas, este enfoque se basa en análisis detallados y métricas clave para fundamentar las decisiones. Los datos ayudan a minimizar riesgos, aumentar la precisión y detectar oportunidades que podrían pasar desapercibidas con un enfoque más tradicional.

Este enfoque se ha popularizado rápidamente debido a los avances tecnológicos que permiten a las empresas recopilar, almacenar y analizar grandes volúmenes de información. Desde plataformas de redes sociales hasta sistemas de ventas o marketing, casi cada interacción y transacción genera datos que pueden ser valiosos si se utilizan correctamente.

Ventajas clave de la toma de decisiones basada en datos:

1. Precisión y claridad: La toma de decisiones informada por datos elimina las suposiciones y sujeta las decisiones a pruebas concretas. Los números no mienten, y cuando se interpretan correctamente, proporcionan una base sólida para actuar con seguridad.

2. Mejora de la eficiencia: Los datos permiten identificar cuellos de botella y procesos ineficaces dentro de la organización. Esto da lugar a decisiones informadas sobre cómo optimizar recursos, tiempos y costos.

3. Adaptabilidad y agilidad: Las empresas que utilizan los datos en su proceso de toma de decisiones pueden adaptarse rápidamente a los cambios en el mercado. Al contar con información en tiempo real, se pueden realizar ajustes rápidos para mantenerse competitivos.

4. Identificación de nuevas oportunidades: Al analizar datos, puedes descubrir patrones y tendencias que no eran evidentes. Estas nuevas perspectivas pueden llevar a innovaciones de productos, servicios o estrategias de marketing.

Aplicaciones comunes de la toma de decisiones basada en datos:

- Marketing y ventas: Personalización de campañas, identificación de audiencias clave, optimización de estrategias publicitarias basadas en la respuesta del consumidor.

- Operaciones: Identificación de cuellos de botella, optimización de inventarios, mejora de procesos logísticos.

- Recursos humanos: Evaluación del desempeño, análisis de la satisfacción de los empleados, predicción de la rotación de personal.

- Finanzas: Análisis de rentabilidad, gestión de riesgos financieros, presupuestación basada en tendencias históricas.

Adoptar una mentalidad orientada a los datos es crucial no solo para crecer en mercados competitivos, sino también para permanecer relevante en un mundo en el que los avances tecnológicos pueden alterar la dinámica del mercado en cuestión de meses. Sin embargo, es esencial entender que no todos los datos son iguales. Lo que importa no es solo recopilar datos, sino extraer las insights correctos y hacer preguntas estratégicas para obtener respuestas valiosas.

1.2 El poder de los datos: Desde lo descriptivo hasta lo predictivo

Los datos, cuando se utilizan adecuadamente, pueden ofrecer una visión de 360 grados de tu empresa y su entorno. Sin embargo, no todos los análisis de datos son iguales. Existen diferentes tipos de análisis que puedes emplear según el tipo de preguntas que quieras responder y el nivel de sofisticación que estés buscando. En este sentido, los análisis de datos pueden clasificarse en cuatro grandes categorías: descriptivo, diagnóstico, predictivo y prescriptivo.

Análisis descriptivo: El punto de partida

El análisis descriptivo es la base de la toma de decisiones basada en datos. Se enfoca en responder la pregunta más básica: "¿Qué está pasando?". Este tipo de análisis utiliza datos históricos para identificar patrones, resumir eventos pasados y ofrecer una imagen clara del estado actual de la empresa o situación.

Por ejemplo, un informe de ventas mensual que muestra cuántos productos se vendieron, qué categorías fueron más populares y cuáles fueron los ingresos totales es un tipo de análisis descriptivo. No te dice por qué esos resultados ocurrieron o qué hacer al respecto, pero proporciona una base esencial para tomar decisiones futuras.

Ejemplos de herramientas y aplicaciones:

- Dashboards de ventas o KPIs

- Informes financieros

- Resúmenes de tráfico web o redes sociales

El análisis descriptivo es vital porque, sin él, es imposible tener una imagen clara de dónde se encuentra tu negocio. Sin embargo, es solo el primer paso. Para comprender el "por qué" detrás de esos datos, necesitas pasar al siguiente nivel: el análisis diagnóstico.

Análisis diagnóstico: El "por qué" detrás de los datos

El análisis diagnóstico va un paso más allá del descriptivo al responder: "¿Por qué está pasando esto?". Este tipo de análisis busca identificar las causas de los resultados obtenidos en el análisis descriptivo. Ayuda a los líderes empresariales a comprender qué factores influyen en el comportamiento que se está observando.

Por ejemplo, si las ventas de un determinado producto han disminuido, el análisis diagnóstico puede ayudarte a descubrir que esto ocurrió debido a un aumento en los precios de los competidores o a una disminución en la calidad percibida del producto.

Herramientas como el análisis de correlación o el uso de gráficos de dispersión son útiles para explorar relaciones entre variables y comenzar a desentrañar la causa raíz de los problemas o las oportunidades.

Análisis predictivo: Mirando hacia el futuro

El análisis predictivo es donde los datos comienzan a mostrar su verdadero poder. Aquí se utiliza la información histórica para prever lo que probablemente sucederá en el futuro. Al responder a la pregunta "¿Qué podría pasar?", el análisis predictivo permite a las empresas prepararse mejor para lo que está por venir y anticipar cambios en el mercado, comportamiento del cliente u operaciones internas.

El análisis predictivo es común en sectores como las finanzas y el comercio minorista, donde las empresas utilizan modelos estadísticos y algoritmos avanzados para predecir tendencias de compra, riesgos crediticios o fluctuaciones del mercado.

Herramientas y técnicas populares de análisis predictivo:

- Modelos de regresión: Se utilizan para analizar relaciones entre variables y predecir tendencias futuras.

- Aprendizaje automático (Machine Learning): Algoritmos que aprenden de los datos y mejoran con el tiempo, proporcionando predicciones cada vez más precisas.

- Series temporales: Análisis de datos secuenciales para predecir futuros puntos de datos, como el crecimiento de ventas en los próximos meses.

Este tipo de análisis es clave para las empresas que buscan ser proactivas en lugar de reactivas. Las decisiones informadas por el análisis predictivo pueden abarcar desde la planificación de la cadena de suministro hasta la mejora en la experiencia del cliente, ayudando a las empresas a estar un paso adelante.

Análisis prescriptivo: Recomendaciones accionables

Finalmente, el análisis prescriptivo va más allá de predecir el futuro para responder a una pregunta aún más crucial: "¿Qué debemos hacer?". Este tipo de análisis no solo anticipa posibles escenarios, sino que también ofrece recomendaciones sobre los pasos a seguir para aprovechar oportunidades o mitigar riesgos.

Al integrar datos con algoritmos de optimización, el análisis prescriptivo proporciona a los líderes empresariales planes concretos de acción basados en diferentes resultados posibles. Este enfoque se utiliza a menudo en logística, donde las empresas pueden decidir la mejor ruta para enviar productos en función del tráfico, el clima y otros factores en tiempo real.

El ciclo completo de la toma de decisiones basada en datos

El poder de los datos radica en su capacidad para contar una historia, y esa historia tiene varios capítulos, cada uno más profundo y detallado que el anterior. Comenzando con la descripción de lo que está sucediendo, pasando por el diagnóstico de por qué sucede, prediciendo lo que podría suceder, y finalmente, llegando al análisis prescriptivo, que nos dice qué hacer a continuación.

La toma de decisiones basada en datos no es solo una moda pasajera, sino una herramienta estratégica que permite a las empresas crecer de manera inteligente, optimizar recursos y mantenerse competitivas en mercados cada vez más desafiantes. Adoptar este enfoque, entender sus fundamentos y avanzar en el uso de técnicas avanzadas como el análisis predictivo y prescriptivo, te pondrá en el camino hacia un crecimiento sostenible y eficiente.

1.3 Herramientas esenciales para la recopilación y análisis de datos

A medida que avanzamos hacia la implementación de una toma de decisiones basada en datos, es crucial conocer las herramientas esenciales que facilitan la recopilación, procesamiento y análisis de grandes volúmenes de información. Contar con las herramientas adecuadas no solo permite extraer valor de los datos, sino que también asegura que las decisiones se basen en información precisa y actualizada.

Las herramientas para la toma de decisiones basadas en datos pueden clasificarse en varias categorías, según el tipo de datos que manejan y el nivel de análisis que permiten:

1.3.1 Herramientas de recopilación de datos

Uno de los primeros pasos en la toma de decisiones basada en datos es la recopilación efectiva de información. La calidad de los datos que ingresas a tu sistema determinará la calidad de los resultados. Estas son algunas de las herramientas más comunes para la recopilación de datos:

- Google Analytics: Ideal para la recopilación de datos de sitios web, tráfico de usuarios y análisis de comportamiento en línea. Te permite rastrear métricas clave como las visitas al sitio, la tasa de conversión y la duración de las sesiones.

- CRM (Customer Relationship Management): Plataformas como Salesforce o HubSpot recopilan datos de clientes y prospectos, permitiendo una mejor gestión de las relaciones con los clientes y la personalización de las interacciones de ventas y marketing.

- Encuestas y cuestionarios: Herramientas como SurveyMonkey o Typeform son útiles para recopilar información directa de los usuarios, obtener insights sobre la satisfacción del cliente y realizar investigaciones de mercado.

1.3.2 Herramientas de análisis de datos

Una vez que los datos han sido recopilados, el siguiente paso es analizarlos. Aquí es donde se empieza a extraer el verdadero valor de la información. Estas son algunas de las herramientas más destacadas para el análisis de datos:

- Excel y Google Sheets: Aunque son más básicas, estas hojas de cálculo siguen siendo herramientas muy útiles para el análisis de datos cuando se trabaja con pequeños volúmenes de información. Ofrecen funciones de análisis y visualización de datos a través de gráficos, tablas dinámicas y fórmulas personalizadas.

- Power BI y Tableau: Estas dos plataformas son líderes en la visualización de datos y análisis avanzado. Permiten a los usuarios transformar datos en gráficos y tableros interactivos, facilitando la comprensión y toma de decisiones.

- Python y R: Para análisis más sofisticados, lenguajes de programación como Python o R son esenciales. Con bibliotecas específicas como Pandas o NumPy en Python, los usuarios pueden realizar análisis avanzados, crear modelos predictivos y automatizar procesos de datos.

1.3.3 Herramientas de almacenamiento de datos

Los datos necesitan ser almacenados de manera eficiente para que puedan ser accesibles, seguros y fáciles de gestionar. Estas son algunas de las herramientas clave para el almacenamiento de datos:

- Bases de datos SQL: Herramientas como MySQL o PostgreSQL son excelentes opciones para gestionar bases de datos estructuradas, con capacidades avanzadas de búsqueda y filtrado.

- Data lakes: Plataformas como Amazon S3 o Azure Data Lake permiten almacenar grandes volúmenes de datos no estructurados, lo que resulta útil cuando se manejan diferentes tipos de datos provenientes de múltiples fuentes.

- Cloud storage: Soluciones como Google Cloud, AWS y Microsoft Azure son opciones escalables y seguras para almacenar y acceder a datos desde cualquier lugar del mundo.

Desafío: ¿Tienes las herramientas adecuadas para capturar y analizar los datos que realmente importan? Evaluar las herramientas que estás utilizando actualmente puede ser el primer paso para garantizar que tus decisiones estén respaldadas por datos precisos y relevantes. ¿Qué plataformas o herramientas podrías implementar en tu empresa para mejorar la calidad de tus análisis de datos?

1.4 La mentalidad de crecimiento orientada a datos

Implementar herramientas es solo una parte del proceso. Para que la toma de decisiones basada en datos sea verdaderamente efectiva, es necesario desarrollar una mentalidad de crecimiento orientada a datos. Esta mentalidad no solo implica el uso de tecnología, sino también un cambio en la cultura organizacional hacia la toma de decisiones informadas y basadas en evidencias.

Una mentalidad de crecimiento orientada a datos tiene como pilares los siguientes principios:

1.4.1 Curiosidad constante

Las personas con una mentalidad orientada a los datos no se conforman con el status quo. Siempre buscan nuevas formas de optimizar, mejorar y descubrir oportunidades a través de la información. Esta curiosidad lleva a formular preguntas estratégicas que impulsan investigaciones más profundas y análisis más exhaustivos. Se trata de cuestionar lo que se da por sentado y buscar evidencia que respalde cualquier decisión.

1.4.2 Tolerancia al error y aprendizaje

Tomar decisiones basadas en datos implica un proceso de prueba y error. No todas las hipótesis serán correctas, pero cada error proporciona una valiosa lección. Las empresas con una mentalidad orientada a los datos fomentan una cultura donde el fracaso es visto como una oportunidad de aprendizaje, y se anima a los equipos a experimentar con nuevos enfoques.

1.4.3 Colaboración entre departamentos

Una mentalidad de crecimiento orientada a los datos también promueve la colaboración entre diferentes áreas de la empresa. El análisis de datos no es solo responsabilidad del departamento de TI o de análisis; cada equipo, desde ventas hasta marketing y finanzas, puede beneficiarse del uso de datos en su toma de decisiones. Al romper silos y fomentar la colaboración, las organizaciones pueden aprovechar una visión más completa y enriquecida de sus operaciones.

Desafío: ¿Tu organización está preparada para adoptar una mentalidad orientada a los datos? Crear una cultura basada en la colaboración y el aprendizaje continuo requiere esfuerzo, pero los beneficios son inmensos. ¿Cómo puedes fomentar la curiosidad y el uso de datos en tu equipo para impulsar una mentalidad de crecimiento?

1.5 Mitos y realidades sobre el uso de datos en los negocios

A pesar de los beneficios claros de la toma de decisiones basada en datos, todavía existen muchos mitos que pueden desalentar a las empresas de adoptar esta metodología. Es importante desmitificar estas creencias y entender las realidades detrás del uso de datos en los negocios.

1.5.1 Mito 1: "Solo las grandes empresas pueden beneficiarse de los datos"

Uno de los mitos más comunes es que solo las grandes empresas tienen los recursos para recopilar y analizar datos de manera efectiva. La realidad es que, gracias a la tecnología, las pequeñas y medianas empresas (PYMES) también pueden aprovechar los datos. Existen herramientas accesibles y asequibles, como Google Analytics o las hojas de cálculo, que permiten a cualquier empresa, independientemente de su tamaño, tomar decisiones basadas en datos.

De hecho, las PYMES pueden beneficiarse enormemente del uso de datos, ya que les permite competir en igualdad de condiciones con empresas más grandes, ofreciendo una mayor personalización y ajustando rápidamente sus estrategias en función de los resultados.

1.5.2 Mito 2: "Los datos siempre tienen la respuesta correcta"

Aunque los datos pueden proporcionar valiosas insights, no siempre tienen la respuesta definitiva. Los datos necesitan ser interpretados correctamente, y eso requiere habilidades analíticas y un entendimiento profundo del contexto empresarial. Un análisis de datos mal realizado o mal interpretado puede llevar a decisiones equivocadas. Por eso, es crucial no solo contar con buenos datos, sino también con un equipo que sepa analizarlos y utilizarlos en el contexto adecuado.

1.5.3 Mito 3: "La intuición ya no es relevante"

Algunas personas creen que la toma de decisiones basada en datos elimina la necesidad de la intuición empresarial. Sin embargo, los datos y la intuición no son opuestos, sino complementarios. La intuición empresarial sigue siendo valiosa, especialmente cuando se trata de innovación o de explorar mercados desconocidos. La diferencia está en que, con los datos, esa intuición puede ser validada o refutada con hechos concretos, lo que aumenta la probabilidad de éxito.

Desafío: ¿Cuántos de estos mitos han influido en tu forma de pensar sobre el uso de datos? ¿Qué pasos puedes tomar para educar a tu equipo y eliminar estas creencias limitantes para maximizar el impacto de los datos en tu negocio?

La toma de decisiones basada en datos es un poderoso enfoque para optimizar el rendimiento y fomentar el crecimiento en cualquier empresa. Desde la selección de las herramientas adecuadas hasta la adopción de una mentalidad de crecimiento y la superación de mitos comunes, cada paso es esencial para crear una organización verdaderamente orientada a los datos.

Ahora que tienes una comprensión más profunda de los fundamentos de la toma de decisiones basada en datos, las herramientas clave y los desafíos culturales que puedes enfrentar, el siguiente paso es tomar acción. Evalúa las herramientas que estás utilizando, fomenta una cultura de curiosidad y aprendizaje, y desafía los mitos que podrían estar frenando tu progreso. ¿Estás listo para llevar tu empresa al siguiente nivel? ¡Los datos tienen las respuestas que estás buscando!

Tema	Resumen	Desafíos Futuros
1.3 Herramientas esenciales para la recopilación y análisis de datos	Las herramientas clave incluyen Google Analytics, CRM (Salesforce, HubSpot), Power BI, Tableau, Excel, Google Sheets, Python, R, SQL y soluciones en la nube.	Implementar herramientas avanzadas que se adapten a las necesidades específicas de cada área del negocio.
1.4 Mentalidad de crecimiento orientada a datos	Requiere curiosidad constante, tolerancia al error, aprendizaje y colaboración entre departamentos para una toma de decisiones más informada.	Fomentar una cultura organizacional que valore la experimentación, el aprendizaje continuo y la integración de datos.
1.5 Mitos y realidades sobre el uso de datos en los negocios	Mitos comunes: solo las grandes empresas pueden usar datos, los datos siempre tienen la respuesta correcta, y la intuición ya no es relevante.	Superar las creencias limitantes dentro de la organización, educando a los equipos sobre el verdadero valor de los datos.

Aspecto Técnico	Análisis	Desafíos Futuros
Recopilación de Datos	Herramientas accesibles como Google Analytics y CRM facilitan la recopilación de datos para empresas de todos los tamaños.	Mejorar la calidad y la precisión de los datos para que las decisiones sean más efectivas y certeras.
Análisis de Datos	Power BI y Tableau lideran la visualización de datos, mientras que Python y R	Capacitar a los equipos en el uso de herramientas avanzadas de análisis y

	proporcionan capacidades avanzadas para análisis más profundos.	visualización de datos.
Almacenamiento de Datos	SQL, data lakes y soluciones de almacenamiento en la nube como Google Cloud y AWS permiten el manejo de grandes volúmenes de información.	Asegurar la escalabilidad y seguridad de los datos almacenados, mientras se optimiza el acceso rápido y eficiente.

Mentalidad Organizacional	Estrategia	Desafíos Futuros
Curiosidad Constante	Fomentar una cultura de cuestionamiento constante e investigación profunda, utilizando datos para validar hipótesis.	Mantener la motivación y la curiosidad en el equipo para seguir buscando formas de mejorar y crecer a través de los datos.
Tolerancia al Error y Aprendizaje	Promover el aprendizaje continuo a partir de errores en el análisis de datos.	Crear un entorno seguro donde los errores sean oportunidades de crecimiento, no un motivo de sanción.
Colaboración entre Departamentos	Alentar la colaboración multidisciplinaria para aprovechar al máximo los datos y obtener una visión más completa de la empresa.	Integrar equipos y sistemas para asegurar una colaboración fluida en torno al análisis de datos.

Mitos y Realidades sobre el Uso de Datos	Clarificación	Desafíos Futuros

Mito 1: Solo las grandes empresas pueden beneficiarse de los datos	Cualquier empresa, grande o pequeña, puede utilizar herramientas accesibles para aprovechar los datos y mejorar la toma de decisiones.	Aumentar la adopción de herramientas de análisis de datos en pequeñas y medianas empresas.
Mito 2: Los datos siempre tienen la respuesta correcta	Los datos deben ser interpretados correctamente; la calidad del análisis es clave para obtener conclusiones válidas.	Capacitar a los equipos para interpretar datos y contextos de manera efectiva y adecuada.
Mito 3: La intuición ya no es relevante	La intuición sigue siendo relevante y puede complementar el análisis de datos para innovar y explorar nuevas oportunidades.	Combinar intuición empresarial con datos para crear un enfoque equilibrado en la toma de decisiones.

2. OPTIMIZACIÓN DE PROCESOS A TRAVÉS DE LA ANALÍTICA

En un mundo empresarial cada vez más competitivo y dinámico, optimizar procesos no es una opción, es una necesidad. Pero, ¿cómo identificar las áreas que necesitan mejoras? ¿Cómo saber si estamos midiendo lo correcto? La respuesta a estas preguntas se encuentra en la analítica. Gracias al poder de los datos, hoy es posible optimizar cada fase de un proceso, detectar cuellos de botella y enfocar nuestros esfuerzos en los indicadores clave de rendimiento (KPIs) que realmente impactan en los resultados.

En esta sección, exploraremos cómo la analítica de datos es la clave para desbloquear nuevas eficiencias y cómo establecer KPIs estratégicos que impulsarán el éxito de tu empresa.

2.1 Identificando Cuellos de Botella: Cómo el Análisis de Datos Mejora la Eficiencia

Cada empresa, sin importar su tamaño o industria, enfrenta obstáculos en sus operaciones diarias. Estos obstáculos, conocidos como cuellos de botella, son puntos en los procesos donde el flujo de trabajo se ralentiza o se interrumpe, afectando la productividad global. Sin embargo, con el análisis de datos, es posible identificar estos puntos críticos y tomar decisiones informadas para eliminarlos.

¿Qué es un Cuello de Botella?

Un cuello de botella es un punto en el proceso donde la capacidad de producción o eficiencia se reduce significativamente. Piensa en una fábrica: si una de las máquinas está operando más lentamente que el resto, todo el proceso de producción se ve afectado. Este concepto se aplica a todas las áreas del negocio, desde la cadena de suministro hasta el marketing digital.

La primera tarea es identificar estos cuellos de botella, y aquí es donde entra en juego el análisis de datos.

Cómo la Analítica Identifica los Cuellos de Botella

El análisis de datos permite desglosar cada fase de un proceso y ver exactamente dónde ocurren las demoras. Herramientas como el análisis de tiempos de ciclo y los diagramas de flujo de procesos proporcionan una visión clara del rendimiento de cada etapa. Gracias a la analítica avanzada, se puede:

1. Identificar demoras repetitivas: El análisis histórico de los datos revela patrones de ineficiencia. ¿Dónde se detienen los proyectos con más frecuencia? ¿Qué tareas suelen llevar más tiempo del previsto?

2. Comparar capacidades: La analítica te permite comparar la capacidad de producción entre diferentes fases o departamentos. Por ejemplo, puedes ver si un equipo de ventas tiene menos capacidad de gestión que otro, lo que crea un cuello de botella en el cierre de contratos.

3. Anticipar futuras interrupciones: Las herramientas predictivas te ayudan a anticipar cuándo y dónde es probable que ocurra un cuello de botella, basándose en datos históricos y tendencias actuales.

Mejoras en la Eficiencia

Una vez que has identificado el cuello de botella, el siguiente paso es optimizar el proceso. Gracias a los datos, puedes probar diferentes soluciones y medir cuál genera el mayor impacto. Algunas estrategias comunes incluyen:

- Automatización: La automatización puede eliminar tareas manuales que ralentizan el proceso.

- Redistribución de recursos: Si un equipo está sobrecargado, mover recursos adicionales a esa área puede equilibrar el flujo de trabajo.

- Reevaluación de procesos: A veces, el cuello de botella está causado por un proceso anticuado o ineficiente. Revisar y actualizar los procedimientos puede ser la clave para liberar el potencial.

Caso de Éxito

Una empresa de manufactura utilizaba análisis de datos para detectar cuellos de botella en su línea de producción. Al analizar el tiempo de ciclo de cada etapa, descubrieron que una máquina en particular causaba retrasos constantes. Al invertir en una actualización tecnológica y rediseñar el flujo de trabajo, lograron reducir el tiempo de producción en un 25%. Este tipo de optimización solo fue posible gracias al análisis de datos.

2.2 KPIs Estratégicos: Midiendo lo que Realmente Importa

Una vez que los procesos están optimizados, es crucial medir su rendimiento de manera efectiva. Aquí es donde los KPIs (indicadores clave de rendimiento) juegan un rol fundamental. Sin embargo, no todos los KPIs son iguales; algunos son más valiosos que otros. Elegir los KPIs correctos significa medir lo que realmente impacta en tu negocio.

¿Qué es un KPI Estratégico?

Los KPIs estratégicos son métricas clave que te indican si tu empresa está alcanzando sus objetivos principales. A diferencia de las métricas operacionales, que suelen ser más tácticas, los KPIs estratégicos están alineados directamente con los objetivos a largo plazo del negocio.

Por ejemplo, si tu objetivo es aumentar la rentabilidad, un KPI estratégico podría ser el margen de ganancia bruta, mientras que un KPI operativo podría ser el tiempo de respuesta del servicio al cliente. Ambos son importantes, pero solo uno está alineado con el objetivo estratégico.

¿Cómo Definir los KPIs Correctos?

Definir KPIs puede parecer sencillo, pero si no seleccionas los adecuados, podrías estar midiendo datos irrelevantes. Aquí te dejo algunos pasos para asegurarte de elegir los KPIs que realmente importan:

1. Alineación con los Objetivos: Cada KPI debe estar directamente relacionado con los objetivos estratégicos de la empresa. Si tu objetivo es aumentar las ventas en un 20%, no tiene sentido medir un KPI que no esté relacionado con este objetivo, como la satisfacción del empleado, por ejemplo.

2. Simplicidad: A veces, menos es más. Elegir un puñado de KPIs realmente importantes es mejor que tratar de medir docenas de métricas que diluyen tu enfoque.

3. Datos Disponibles: Un KPI no es útil si no puedes medirlo con precisión. Asegúrate de que los datos necesarios para calcular el KPI sean accesibles y estén actualizados.

4. Revisiones Periódicas: Los KPIs no son estáticos. Lo que era relevante hace seis meses puede no serlo ahora. Realiza revisiones periódicas para asegurarte de que tus KPIs sigan siendo los adecuados.

Ejemplos de KPIs Estratégicos

Aquí tienes algunos ejemplos de KPIs estratégicos que podrías considerar, dependiendo de tu sector y objetivos:

- Crecimiento de Ingresos: ¿Estás generando más ventas cada mes o trimestre?

- Retorno de la Inversión (ROI): ¿Qué tan eficaces son tus campañas de marketing o inversiones en tecnología?

- Tasa de Retención de Clientes: ¿Cuántos clientes vuelven a hacer negocios contigo?

- Margen de Beneficio Neto: ¿Cuánto te queda después de restar todos los costos?

Cómo los KPIs Guiados por la Analítica Impulsan Resultados

La gran ventaja de usar KPIs estratégicos es que permiten a la empresa enfocarse en lo que realmente importa. En lugar de perderse en una montaña de datos, los líderes empresariales pueden tomar decisiones informadas rápidamente, ajustando el rumbo si es necesario.

Por ejemplo, una empresa de comercio electrónico puede usar el análisis de datos para monitorear el KPI de "valor promedio del pedido". Si ven que este valor está disminuyendo, pueden tomar medidas para optimizar sus ofertas o ajustar su estrategia de marketing. Esta capacidad de respuesta rápida es crucial en mercados dinámicos.

El Poder de la Analítica en la Optimización de Procesos

La optimización de procesos no es un ejercicio único, es un compromiso constante con la mejora. Y la analítica de datos es el motor que impulsa esta mejora. Al identificar cuellos de botella y medir los KPIs correctos, las empresas no solo mejoran su eficiencia operativa, sino que también logran un crecimiento sostenible a largo plazo.

Cuando utilizas la analítica para optimizar tus procesos, no solo estás haciendo ajustes menores; estás transformando la manera en que tu empresa opera, haciéndola más ágil, eficiente y orientada al éxito. Y en un mundo cada vez más competitivo, eso es lo que marcará la diferencia entre quienes prosperan y quienes se quedan atrás.

2.3 Automatización y optimización: Aprovechando la inteligencia artificial y el machine learning

La automatización ha pasado de ser una simple mejora operativa a convertirse en un componente esencial para la transformación digital en las empresas. En el centro de esta revolución se encuentran la inteligencia artificial (IA) y el machine learning (ML), dos tecnologías que han permitido a las organizaciones no solo automatizar tareas repetitivas, sino también optimizar procesos a niveles sin precedentes.

¿Qué es la Automatización Inteligente?

La automatización inteligente va más allá de la simple automatización de tareas manuales. Se trata de utilizar tecnologías avanzadas como la IA y el ML para tomar decisiones en tiempo real, predecir resultados futuros y adaptarse a circunstancias cambiantes. Mientras que la automatización tradicional puede programarse para seguir un conjunto fijo de reglas, la automatización impulsada por IA tiene la capacidad de aprender de los datos y ajustar su comportamiento en consecuencia.

Por ejemplo, en una cadena de suministro, los sistemas de IA pueden predecir interrupciones basadas en patrones de datos históricos y ajustar los pedidos de inventario en consecuencia, reduciendo costos y evitando la escasez de productos. En lugar de depender de reglas predefinidas, el machine learning permite que los sistemas "aprendan" de la experiencia pasada y mejoren sus predicciones con el tiempo.

Beneficios de la Automatización con IA y ML

1. Eficiencia operativa: Uno de los mayores beneficios de la automatización es la mejora en la eficiencia. Tareas que solían requerir horas o incluso días pueden completarse en minutos. La IA, cuando se combina con la automatización, permite realizar tareas con un nivel de precisión y velocidad que supera con creces las capacidades humanas.

2. Reducción de errores: Las máquinas no se cansan ni cometen errores por distracción. Al automatizar tareas rutinarias y repetitivas, las empresas pueden reducir significativamente la cantidad de errores en sus operaciones, mejorando la calidad del servicio y reduciendo costos asociados a la corrección de problemas.

3. Predicción y adaptación en tiempo real: Uno de los mayores avances del machine learning es su capacidad para hacer predicciones basadas en grandes conjuntos de datos. En lugar de simplemente ejecutar tareas predefinidas, los sistemas basados en ML pueden analizar los datos en tiempo real y ajustar sus acciones en consecuencia. Esto es especialmente útil en áreas como la logística, donde las condiciones pueden cambiar rápidamente.

4. Optimización de recursos: Gracias a la capacidad de predecir la demanda futura, las empresas pueden optimizar sus recursos de manera más eficiente. Esto no solo se aplica a las existencias de inventario, sino también a la asignación de personal, la programación de mantenimiento de máquinas y la planificación del transporte.

5. Experiencia personalizada: En el mundo del marketing y las ventas, la automatización basada en IA permite a las empresas personalizar la experiencia del cliente a un nivel sin precedentes. Los sistemas pueden analizar los comportamientos pasados de los clientes para recomendar productos o servicios de manera más efectiva, lo que aumenta las tasas de conversión y la satisfacción del cliente.

Implementación de la IA y el ML en Procesos Empresariales

La integración de la IA y el ML en los procesos empresariales no ocurre de la noche a la mañana. Requiere una estrategia bien definida y un enfoque por fases para garantizar que las tecnologías se integren sin problemas y aporten valor real.

1. Identificación de áreas de oportunidad: El primer paso es identificar qué procesos pueden beneficiarse más de la automatización y la IA. En general, las áreas con grandes volúmenes de datos o tareas repetitivas y predecibles son las mejores candidatas. Esto incluye departamentos como finanzas, cadena de suministro, recursos humanos y atención al cliente.

2. Recolección de datos: La calidad de los datos es crucial para el éxito de cualquier sistema basado en machine learning. Las empresas deben asegurarse de que están recolectando y almacenando datos de alta calidad antes de implementar soluciones de IA. Además, es importante contar con una infraestructura tecnológica que soporte el procesamiento y análisis de grandes volúmenes de datos.

3. Desarrollo de algoritmos personalizados: No todas las empresas tienen las mismas necesidades, por lo que es posible que sea necesario desarrollar algoritmos de machine learning personalizados para abordar problemas específicos. Este proceso puede requerir la colaboración con expertos en ciencia de datos y la creación de modelos de predicción a medida.

4. Integración con sistemas existentes: Para aprovechar al máximo la IA y la automatización, es fundamental que las nuevas soluciones tecnológicas se integren bien con los sistemas existentes. Esto puede incluir el software de gestión empresarial (ERP), los sistemas de gestión de la relación con el cliente (CRM) y otras herramientas internas.

5. Evaluación y ajuste continuo: Una de las mayores ventajas del machine learning es que los modelos pueden mejorarse con el tiempo. A medida que se recopilan más datos y se ajustan los algoritmos, las soluciones de IA pueden volverse más precisas y eficaces, lo que impulsa aún más la optimización de los procesos.

Automatización de la Toma de Decisiones

Un área donde la automatización basada en IA está demostrando ser extremadamente poderosa es en la toma de decisiones. Las empresas están utilizando IA para analizar grandes volúmenes de datos y tomar decisiones informadas en tiempo real. Esto es especialmente valioso en sectores como las finanzas, donde los sistemas de IA pueden analizar mercados en segundos y realizar operaciones en fracciones de segundo, aprovechando oportunidades que serían imposibles de detectar para los humanos.

En las empresas, los líderes también están adoptando la toma de decisiones automatizada en áreas como la gestión de inventarios, la planificación de la producción y la optimización de la cadena de suministro. Los sistemas de machine learning pueden analizar grandes cantidades de datos históricos y actuales para hacer predicciones sobre la demanda futura, permitiendo a las empresas ajustar sus operaciones en tiempo real y optimizar sus recursos.

2.4 Mejora continua: Implementando un ciclo de optimización iterativo

El concepto de mejora continua no es nuevo, pero con la llegada de la analítica avanzada y la automatización, su implementación ha alcanzado nuevas alturas. En lugar de realizar mejoras puntuales o periódicas, las empresas pueden ahora crear ciclos de optimización iterativos que permitan mejoras constantes y acumulativas. Este enfoque no solo mejora la eficiencia operativa, sino que también genera una cultura de innovación y adaptabilidad dentro de la organización.

¿Qué es la Mejora Continua?

La mejora continua es una filosofía de gestión que promueve un enfoque sistemático para lograr mejoras incrementales en los procesos, productos o servicios de una empresa. En lugar de esperar a que surjan grandes problemas, las organizaciones que adoptan este enfoque buscan constantemente pequeñas mejoras que, acumuladas con el tiempo, pueden tener un impacto significativo en los resultados.

Este concepto tiene sus raíces en el sistema japonés de gestión de calidad total, particularmente en la metodología Kaizen, que se traduce literalmente como "cambio para mejorar." Aunque Kaizen surgió en las fábricas de Toyota, sus principios se han extendido a todos los sectores empresariales, desde la manufactura hasta los servicios y la tecnología.

Implementando un Ciclo de Mejora Continua

El proceso de mejora continua generalmente se implementa a través de un ciclo iterativo conocido como Ciclo de Deming o PDCA (Plan, Do, Check, Act), que consiste en las siguientes etapas:

1. Planificar (Plan): Identificar un área de oportunidad o un problema a resolver. En esta fase, es crucial definir el objetivo de la mejora, recolectar datos relevantes y desarrollar un plan de acción detallado. La planificación debe estar basada en un análisis profundo de los procesos actuales, apoyándose en la analítica de datos y las opiniones de los empleados involucrados.

2. Hacer (Do): Ejecutar el plan de mejora en una pequeña escala para probar su efectividad. Es importante aplicar la mejora de manera controlada para evitar impactos negativos en toda la organización en caso de que algo no funcione como se esperaba.

3. Verificar (Check): Una vez implementada la mejora, se deben analizar los resultados. ¿Se lograron los objetivos propuestos? ¿Qué lecciones se pueden extraer? El análisis de los

datos recolectados es fundamental en esta fase para determinar si la mejora fue exitosa o si requiere ajustes.

4. Actuar (Act): Si la mejora fue exitosa, es hora de implementarla a gran escala y estandarizar el nuevo proceso. Si los resultados no fueron los esperados, el ciclo vuelve a comenzar desde la fase de planificación, incorporando las lecciones aprendidas.

Este ciclo es iterativo, lo que significa que nunca se termina; siempre hay oportunidades para optimizar aún más los procesos. Al adoptar el ciclo PDCA como parte de la cultura empresarial, las empresas pueden mantenerse ágiles y competitivas, incluso en entornos de rápida evolución.

Herramientas para Facilitar la Mejora Continua

1. Análisis de Causa Raíz (RCA): El análisis de causa raíz es una técnica utilizada para identificar las causas subyacentes de un problema. En lugar de abordar solo los síntomas, RCA permite a las empresas llegar al fondo del problema y evitar que se repita en el futuro.

2. Benchmarking: El benchmarking es el proceso de comparar los propios procesos y métricas con los de los competidores o las mejores prácticas de la industria. Esta comparación permite identificar áreas de oportunidad y adoptar enfoques que han demostrado ser exitosos en otras organizaciones.

3. Automatización de flujos de trabajo: La automatización de procesos puede ser una herramienta poderosa en el ciclo de mejora continua. Al automatizar tareas repetitivas y rutinarias, las empresas pueden liberar tiempo para que sus empleados se concentren en actividades de mayor valor añadido, como la innovación y la mejora de procesos.

4. Análisis de datos y métricas: La mejora continua depende en gran medida de la capacidad para medir el rendimiento y hacer ajustes en función de los resultados. Con la llegada del big data, las empresas pueden recolectar y analizar más datos que nunca, lo que les permite identificar patrones y oportunidades de mejora con mayor precisión.

2.5 Estudio de caso: Cómo una empresa transformó su eficiencia con análisis de datos

Uno de los ejemplos más notables de cómo el análisis de datos puede transformar una empresa es el caso de XPO Logistics, una compañía global de transporte y logística que adoptó el análisis de datos y la IA para mejorar significativamente su eficiencia operativa.

El Desafío

XPO Logistics, como muchas empresas de logística, enfrentaba una serie de desafíos en su operación diaria. La gestión de inventarios, la optimización de rutas y la asignación de recursos eran áreas críticas donde pequeñas ineficiencias podían traducirse en grandes costos operativos. Con miles de empleados y una red compleja de centros de distribución y transporte, la compañía necesitaba encontrar una manera de hacer frente a estos desafíos de manera más eficiente.

La Solución

La solución de XPO fue implementar un enfoque basado en el análisis de datos y la IA. La empresa desarrolló un sistema avanzado de gestión de la cadena de suministro que utiliza el machine learning para analizar grandes volúmenes de datos en tiempo real. Esto les permitió identificar patrones y tomar decisiones más informadas sobre la gestión de inventarios y la optimización de rutas.

- Optimización de Inventarios: Con el machine learning, XPO pudo predecir la demanda de productos con mayor precisión, lo que les permitió reducir el exceso de inventario y minimizar las rupturas de stock. Esto no solo redujo los costos de almacenamiento, sino que también mejoró el servicio al cliente al garantizar que los productos estuvieran disponibles cuando los clientes los necesitaran.

- Optimización de Rutas: Al analizar datos históricos y en tiempo real sobre el tráfico, las condiciones meteorológicas y la demanda de transporte, XPO pudo optimizar sus rutas de entrega, reduciendo el tiempo de tránsito y los costos de combustible. Esto fue especialmente importante en áreas urbanas densas, donde los pequeños ajustes en las rutas pueden tener un impacto significativo en la eficiencia operativa.

Los Resultados

Como resultado de estas implementaciones, XPO Logistics logró reducir sus costos operativos en un 10%, lo que se tradujo en millones de dólares en ahorros anuales. Además, la empresa mejoró sus tiempos de entrega en un 15% y redujo significativamente los errores en la gestión de inventarios.

Este caso ilustra cómo la adopción de la IA y el análisis de datos puede tener un impacto transformador en las operaciones empresariales. Al aprovechar el poder de los datos, las empresas pueden tomar decisiones más informadas, optimizar sus procesos y mantenerse competitivas en un entorno empresarial cada vez más exigente.

Aspecto	Solución Implementada	Impacto/Resultados
Optimización de Inventarios	Uso de machine learning para predecir la demanda	Reducción de exceso de inventario y de rupturas de stock
Optimización de Rutas	Análisis de datos históricos y en tiempo real	Reducción de costos de combustible y mejora de tiempos de tránsito
Costos Operativos	IA y análisis de datos en la cadena de suministro	**Reducción del 10% en costos operativos**
Tiempo de Entrega	Optimización de rutas	**Mejora del 15% en tiempos de entrega**
Gestión de Inventarios	Machine learning aplicado	Reducción de errores en la gestión de inventarios

3. CRECIMIENTO SOSTENIBLE: ESTRATEGIAS DATA-DRIVEN PARA EXPANDIR TU NEGOCIO

El crecimiento sostenible es uno de los mayores desafíos y, al mismo tiempo, una de las mayores oportunidades para las empresas modernas. En un entorno empresarial altamente competitivo, las compañías que prosperan son aquellas que no solo reaccionan ante los cambios del mercado, sino que los anticipan. ¿Cómo logras eso? A través de estrategias basadas en datos. Tomar decisiones informadas y usar herramientas tecnológicas para prever tendencias y comportamientos de los clientes es la clave para expandir tu negocio con confianza. A lo largo de este capítulo, exploraremos cómo las predicciones basadas en datos, el análisis de las preferencias del cliente y el desarrollo de productos alineados con las necesidades del mercado pueden transformar tu empresa en una máquina de crecimiento constante y eficiente.

3.1 Forecasting: Predicciones basadas en datos para crecer con confianza

Cuando hablamos de crecimiento sostenible, la palabra "confianza" cobra un peso crucial. Las decisiones basadas en intuiciones ya no son suficientes en la era de los datos. Las empresas exitosas utilizan el forecasting o pronóstico basado en datos para anticiparse a los movimientos del mercado, mitigar riesgos y aprovechar oportunidades antes que la competencia.

El forecasting utiliza modelos predictivos que permiten a las empresas visualizar lo que podría suceder en el futuro a partir de datos históricos y patrones de comportamiento. Esto no solo te ayuda a planificar mejor, sino que también te da la capacidad de responder de manera proactiva a los cambios del entorno.

El poder del machine learning en el forecasting

Hoy en día, las herramientas de inteligencia artificial y machine learning (aprendizaje automático) están revolucionando el forecasting. Estas tecnologías analizan enormes volúmenes de datos y detectan patrones que serían invisibles para los seres humanos. Por ejemplo, una empresa de comercio electrónico puede usar el forecasting para predecir la demanda de productos en función de las tendencias de compra, las estaciones del año o incluso las condiciones económicas.

Al implementar el forecasting en tu negocio, puedes asegurarte de que tus inventarios sean los adecuados, que los recursos estén alineados con la demanda proyectada y que tus campañas de marketing estén dirigidas en el momento oportuno. Esto no solo optimiza la operación diaria, sino que también fortalece la confianza en la toma de decisiones.

Cómo implementar forecasting en tu empresa

- Recopila datos históricos de calidad: Cuantos más datos tengas sobre tus operaciones, ventas, comportamientos de clientes y entorno económico, más preciso será tu forecasting.

- Selecciona las herramientas adecuadas: Plataformas como Power BI, Tableau o Google Data Studio te permiten procesar datos y crear modelos de predicción accesibles y visuales.

- Capacita a tu equipo: Implementar un modelo predictivo no es solo tarea del área de TI. Asegúrate de que tus equipos de ventas, marketing y operaciones comprendan cómo usar y aplicar los resultados del forecasting para tomar decisiones más inteligentes.

Al adoptar estas prácticas, estarás allanando el camino hacia un crecimiento controlado y sostenible, reduciendo sorpresas desagradables y maximizando las oportunidades que puedan surgir en tu mercado.

3.2 Customer Insights: Convirtiendo datos de clientes en decisiones estratégicas

Los clientes son el corazón de cualquier empresa, y comprenderlos profundamente es esencial para asegurar el éxito a largo plazo. En la actualidad, contamos con una gran cantidad de información sobre los clientes, desde sus patrones de compra hasta sus interacciones en redes sociales. Sin embargo, el desafío real está en transformar estos datos en insights accionables que impulsen decisiones estratégicas.

La importancia de los Customer Insights

Los datos por sí solos no generan valor si no se traducen en decisiones que mejoren la experiencia del cliente o ajusten las estrategias de negocio. Un enfoque data-driven permite a las empresas analizar el comportamiento de los clientes para identificar patrones, tendencias y oportunidades. ¿Qué productos prefieren? ¿Cuáles son los puntos débiles en su experiencia de compra? ¿Qué les motiva a elegir a tu empresa frente a la competencia?

Al obtener respuestas claras a estas preguntas, puedes personalizar tu oferta, ajustar tu servicio al cliente y desarrollar estrategias de marketing mucho más efectivas. Los insights no solo te ayudarán a retener clientes actuales, sino también a atraer nuevos clientes mediante una segmentación más precisa y una propuesta de valor diferenciada.

Cómo transformar datos en acciones estratégicas

- Recoge y organiza datos de diferentes puntos de contacto: Aprovecha las herramientas de CRM (Customer Relationship Management) para centralizar la información sobre los clientes desde múltiples canales: redes sociales, correo electrónico, interacciones en el sitio web, etc.

- Analiza los comportamientos clave: El análisis predictivo y la inteligencia artificial permiten identificar patrones ocultos en los datos. Por ejemplo, puedes detectar que ciertos grupos de clientes tienden a comprar más durante eventos especiales o que responden mejor a ciertos mensajes.

- Personaliza la experiencia del cliente: Utiliza los insights obtenidos para ajustar tus campañas de marketing. Esto podría significar ofrecer promociones exclusivas basadas en el historial de compras o crear recomendaciones personalizadas que aumenten la probabilidad de conversión.

Customer Insights en acción

Un caso ejemplar es el de Netflix, que utiliza datos de comportamiento de los usuarios para ofrecer recomendaciones personalizadas de contenido. Esto no solo mejora la experiencia del usuario, sino que también aumenta la retención de clientes y el tiempo de uso de la plataforma. De la misma manera, tu negocio puede ofrecer productos o servicios personalizados, mejorando tanto la satisfacción del cliente como la rentabilidad.

3.3 Desarrollo de productos: Innovar basándote en las necesidades del mercado

La innovación es el motor del crecimiento. Sin embargo, innovar por innovar no es la solución. Para que el desarrollo de productos sea verdaderamente efectivo, debe basarse en las necesidades reales del mercado. Aquí es donde los datos juegan un papel fundamental. Las empresas más exitosas son aquellas que no solo escuchan a sus clientes, sino que también analizan sus comportamientos para predecir sus futuras demandas.

El rol de los datos en la innovación

El análisis de datos permite a las empresas identificar brechas en el mercado y desarrollar productos que satisfagan esas necesidades específicas. Al estudiar las tendencias y las preferencias del cliente, puedes adaptar tu oferta de productos de manera que responda directamente a las demandas cambiantes del mercado.

Un ejemplo de esto es cómo Amazon utiliza los datos de compra de sus usuarios para desarrollar nuevos productos bajo su propia marca. Analizan las preferencias y patrones de compra de los clientes para lanzar productos que saben que tendrán éxito.

Cómo usar los datos para desarrollar productos innovadores

1. Analiza las tendencias del mercado: Utiliza herramientas de análisis de mercado para estudiar las demandas emergentes y los cambios en los hábitos de consumo.

2. Identifica los puntos débiles del cliente: A través del análisis de las reseñas, quejas y preguntas frecuentes, puedes detectar problemas recurrentes que podrían solucionarse con un nuevo producto o una mejora en un producto existente.

3. Itera y mejora: Utiliza datos continuos para ajustar y mejorar tu producto a lo largo del tiempo. Los datos te permitirán identificar rápidamente qué está funcionando y qué no, lo que te dará una ventaja sobre la competencia que no está aprovechando esta información.

El desarrollo de productos no debe ser un proceso aislado. Debe estar alineado con las necesidades de los clientes y las oportunidades del mercado. Al integrar los datos en cada etapa del ciclo de desarrollo, no solo crearás productos que la gente realmente quiere, sino que también te posicionarás como un líder en tu industria.

3.4 Escalabilidad: Cómo los datos te permiten crecer de manera eficiente

Cuando piensas en el crecimiento de tu negocio, probablemente lo visualizas como una máquina bien engrasada que crece sin fricciones, manteniendo su eficiencia a medida que se expande. Eso es la escalabilidad: la capacidad de una empresa para crecer sin que los costos o la complejidad se disparen. Sin embargo, lograr esa escalabilidad puede parecer un reto intimidante, especialmente cuando intentas equilibrar crecimiento y eficiencia. Aquí es donde los datos se convierten en tu aliado más poderoso.

Imagina que tu negocio es como un automóvil. Para que ese automóvil alcance su máximo rendimiento, necesitas un mapa claro, conocer el estado del motor y, sobre todo, saber cuándo y cómo acelerar. Los datos son precisamente ese mapa y esa guía. Te permiten tomar decisiones fundamentadas, identificar cuándo es el momento adecuado para crecer y qué áreas requieren ajustes antes de dar el siguiente paso.

¿Qué significa escalar con datos?

Escalar con datos no es solo hacer más de lo mismo. Se trata de hacer más y mejor, con menos fricción. Los datos te permiten identificar qué áreas de tu negocio son escalables y cuáles no, ayudándote a evitar errores costosos. Por ejemplo, si identificas que un proceso particular está generando cuellos de botella, puedes optimizarlo antes de invertir en crecimiento adicional.

Los datos permiten identificar los siguientes aspectos clave:

1. Capacidad operativa: ¿Tus sistemas actuales pueden manejar un aumento significativo en la demanda?

2. Demanda futura: ¿Existen mercados o audiencias que aún no has explorado pero que podrían estar interesadas en tu producto o servicio?

3. Rentabilidad escalable: ¿Tus márgenes de ganancia seguirán siendo sólidos a medida que aumentes la producción o distribución?

Cómo usar los datos para escalar eficientemente

Veamos cómo puedes aplicar los datos para crecer de manera sostenible. Comencemos con un aspecto clave: la automatización basada en datos. Uno de los principales desafíos al crecer es la necesidad de aumentar la producción o el servicio sin aumentar exponencialmente los costos. Aquí es donde entra en juego la automatización. Al analizar los datos sobre tus procesos internos, puedes identificar áreas que pueden ser automatizadas, reduciendo costos y mejorando la eficiencia operativa.

Por ejemplo, empresas como Spotify han utilizado el análisis de datos no solo para mejorar su servicio, sino para escalar globalmente de forma increíblemente eficiente. Mediante la recopilación y el análisis de datos sobre los hábitos de escucha de los usuarios, han sido capaces de personalizar recomendaciones a nivel individual, todo mientras manejan una plataforma con millones de usuarios. ¿Te imaginas hacerlo sin datos? Sería prácticamente imposible.

Otro aspecto clave es la predicción de la demanda. Usar datos históricos te permite prever qué tan rápido crecerá la demanda de tus productos o servicios. En lugar de quedarte corto de inventario o personal, puedes planificar de manera eficiente y asegurar que tu negocio esté preparado para manejar el crecimiento sin perder calidad en el servicio.

Beneficios de escalar con un enfoque basado en datos:

- Optimización de recursos: Evitas el desperdicio de recursos, ya que los datos te permiten predecir dónde estarán tus necesidades futuras.

- Reducción de riesgos: Al tomar decisiones informadas, minimizas los riesgos asociados con el crecimiento, como costos inesperados o falta de capacidad.

- Mejora continua: Los datos te permiten iterar constantemente sobre tu modelo de negocio, ajustándolo en función de lo que mejor funcione.

Un ejemplo reciente de esto lo vemos en Airbnb, que ha utilizado los datos no solo para escalar su plataforma globalmente, sino para mejorar continuamente la experiencia del usuario. Al analizar los patrones de búsqueda y reserva, han podido optimizar su plataforma para hacerla más eficiente, conectando a los anfitriones y los huéspedes de manera más fluida.

La importancia de medir y ajustar

Una de las lecciones más valiosas en la escalabilidad basada en datos es que todo debe medirse y ajustarse continuamente. El crecimiento no es un camino lineal. A veces, lo que funcionaba para ti en una etapa inicial de tu negocio ya no será eficiente en una etapa de crecimiento acelerado. Aquí es donde los datos realmente brillan: te permiten realizar ajustes rápidos y necesarios sobre la marcha.

Piensa en los datos como tu panel de control. Si estás conduciendo tu negocio hacia el éxito, querrás estar atento a tus indicadores: ingresos, costos, satisfacción del cliente, eficiencia operativa, etc. Al estar constantemente monitoreando estos datos, puedes ajustar tu estrategia y evitar desvíos que podrían costarte tiempo y dinero.

3.5 Estudio de caso: Estrategias de expansión impulsadas por datos en startups y grandes empresas

Para entender cómo los datos pueden impulsar la expansión, echemos un vistazo a ejemplos del mundo real. Tanto startups como grandes corporaciones han sabido aprovechar los datos para escalar de manera eficiente y sostenible. Veamos cómo lo han hecho y qué lecciones podemos extraer de sus experiencias.

3.5.1 Estrategia de expansión impulsada por datos en startups: El caso de Slack

Slack, una de las plataformas de comunicación más utilizadas en el mundo empresarial, es un ejemplo brillante de cómo una startup puede utilizar los datos para impulsar su crecimiento. Desde su lanzamiento en 2013, Slack se ha expandido rápidamente a nivel mundial, y su éxito ha sido impulsado, en gran parte, por su enfoque en los datos.

¿Qué hizo Slack?

1. Uso de datos para entender a sus usuarios: Desde el principio, Slack utilizó los datos para obtener un conocimiento profundo de cómo sus usuarios interactuaban con la plataforma. Analizaban qué funciones eran las más populares, qué áreas generaban más fricción para los usuarios y cómo podían mejorar la experiencia general.

2. Optimización continua basada en datos: Cada nuevo lanzamiento de Slack venía acompañado de mejoras basadas en las necesidades reales de los usuarios. La empresa utilizaba los comentarios y los datos de uso para hacer iteraciones rápidas, asegurándose de que siempre estaban un paso adelante en cuanto a usabilidad y funcionalidad.

3. Crecimiento viral basado en análisis de datos: Uno de los aspectos más interesantes del crecimiento de Slack es cómo lograron que el producto se expandiera de forma viral. Analizaron los datos de adopción dentro de las empresas y descubrieron que si un equipo

empezaba a usar Slack, era muy probable que otros equipos dentro de la misma empresa lo adoptaran rápidamente. Esta información les permitió enfocar sus esfuerzos de marketing en aumentar la adopción dentro de las organizaciones.

Lecciones clave del caso Slack:

- Conoce a tus usuarios mejor que ellos mismos: La recopilación y el análisis de datos te permiten ver más allá de las opiniones subjetivas y tomar decisiones fundamentadas sobre cómo mejorar tu producto o servicio.

- Crecimiento iterativo: No necesitas tener un producto perfecto desde el día uno. En su lugar, debes utilizar los datos para mejorar continuamente y asegurarte de que estás siempre alineado con las necesidades del cliente.

3.5.2 Estrategia de expansión en grandes empresas: El caso de Amazon

Amazon, una de las compañías más grandes y exitosas del mundo, es un ejemplo paradigmático de cómo una empresa puede utilizar los datos para escalar de manera masiva y eficiente. Desde sus inicios como una tienda en línea de libros, Amazon ha expandido su alcance a prácticamente todos los sectores del comercio global. ¿Cómo lo hicieron? La respuesta está, en gran medida, en su uso avanzado de los datos.

¿Cómo usa Amazon los datos para escalar?

1. Optimización de la cadena de suministro basada en datos: Uno de los mayores desafíos de cualquier empresa en expansión es la gestión de la cadena de suministro. Amazon ha logrado escalar su operación global de manera extremadamente eficiente mediante el uso de datos. Al recopilar y analizar datos en tiempo real sobre el inventario, la demanda y las tendencias de compra, Amazon puede optimizar su cadena de suministro, asegurando que los productos lleguen a los clientes lo más rápido posible.

2. Personalización basada en datos: Amazon no solo es eficiente en la logística, también es un maestro en la personalización de la experiencia del cliente. Utiliza los datos de navegación y compra de los usuarios para ofrecer recomendaciones altamente personalizadas, lo que aumenta significativamente las tasas de conversión y la satisfacción del cliente.

3. Innovación continua: Amazon nunca deja de innovar, y los datos son el núcleo de esa innovación. Desde el lanzamiento de nuevos productos y servicios, como Amazon Web Services (AWS), hasta el desarrollo de nuevas tecnologías, como Alexa, cada nuevo paso de Amazon está basado en un análisis profundo de los datos de mercado y las preferencias de los consumidores.

Lecciones clave del caso Amazon:

- Haz que los datos guíen cada decisión: Amazon ha demostrado que, sin importar cuán grande sea una empresa, los datos pueden ser una herramienta crucial para tomar decisiones inteligentes y eficientes.

- Personalización a gran escala: A través del uso de datos, Amazon ha logrado algo que parecía imposible: ofrecer una experiencia personalizada para millones de clientes en todo el mundo.

Tanto para las startups como para las grandes empresas, los datos son la clave para la expansión exitosa. Ya sea ajustando procesos internos, optimizando la cadena de suministro o personalizando la experiencia del cliente, el análisis y uso efectivo de los datos permite a las empresas no solo escalar, sino hacerlo de manera eficiente y sostenible. ¿Estás listo para utilizar los datos para impulsar el crecimiento de tu negocio? Los ejemplos de Slack y Amazon nos muestran que, independientemente del tamaño de tu empresa, los datos pueden ser tu mayor activo para escalar sin perder eficiencia. ¡El futuro de tu empresa está en los datos!

4. TOMA DE DECISIONES INTELIGENTES CON DATOS

En la era de la información, la toma de decisiones ya no puede depender solo de la intuición o la experiencia personal. La transformación digital ha puesto al alcance de las empresas y organizaciones herramientas poderosas para tomar decisiones basadas en datos, lo que les permite moverse con rapidez y precisión en un entorno cada vez más volátil. Las empresas que dominan el arte de la toma de decisiones inteligentes no solo reaccionan al cambio, sino que lo anticipan y lo utilizan a su favor.

Tomar decisiones inteligentes con datos significa aprovechar el poder del análisis cuantitativo y cualitativo para reducir la incertidumbre, mitigar los riesgos y aumentar las probabilidades de éxito en cualquier proyecto o estrategia. Este enfoque orientado a la acción se basa en la recopilación, interpretación y aplicación eficiente de la información relevante. A continuación, exploraremos cómo la toma de decisiones ágil y la eliminación de sesgos son clave para este proceso.

4.1 Toma de decisiones ágil: Cómo los datos reducen la incertidumbre

La incertidumbre es un factor que afecta a cualquier organización, desde grandes corporaciones hasta pequeñas startups. En un mercado global en constante cambio, las decisiones deben tomarse con rapidez, pero también con la mayor precisión posible. Aquí es donde los datos juegan un papel esencial: reducen la incertidumbre al proporcionar información clara y accionable.

La toma de decisiones ágil no se trata solo de actuar rápido, sino de hacerlo con confianza. Un ejemplo de esto es cómo los datos permiten prever cambios en las tendencias de consumo, ajustar estrategias de marketing o mejorar la eficiencia operativa en tiempo real. Las organizaciones que integran datos en cada nivel de su toma de decisiones pueden reaccionar a las fluctuaciones del mercado más rápido que sus competidores, evitando posibles crisis o aprovechando oportunidades que otros aún no han detectado.

Cuando los datos se utilizan para fundamentar las decisiones, la organización se vuelve más resiliente. Un estudio realizado por McKinsey & Company encontró que las empresas que adoptan prácticas de toma de decisiones basadas en datos tienen un 23% más de probabilidades de sobresalir en sus mercados. Esto se debe a que el análisis de datos permite a los líderes empresariales identificar patrones ocultos, realizar pronósticos más precisos y desarrollar estrategias flexibles que se ajustan a los cambios repentinos del entorno.

Las plataformas de Business Intelligence (BI) y las herramientas de análisis predictivo han revolucionado la forma en que las empresas abordan la incertidumbre. En lugar de depender de conjeturas o experiencias pasadas, los datos históricos y en tiempo real proporcionan una visión holística de la situación actual. Un ejemplo de esto es cómo las grandes cadenas de retail ajustan sus inventarios utilizando sistemas de análisis predictivo que consideran tanto datos de ventas pasadas como factores externos como el clima o eventos económicos. Este tipo de decisiones ágiles permite a las organizaciones reducir costos, optimizar recursos y satisfacer mejor las demandas del cliente.

No solo en el sector privado se ha visto el impacto de la toma de decisiones ágil basada en datos. Gobiernos de todo el mundo han adoptado enfoques de análisis de datos para gestionar recursos públicos de manera más eficiente y anticipar crisis, como se vio durante la pandemia del COVID-19. Los datos fueron fundamentales para coordinar esfuerzos entre agencias de salud, optimizar el suministro de vacunas y ajustar restricciones según el comportamiento del virus y las necesidades de la población. Las decisiones ágiles permitieron mitigar impactos y salvar vidas, lo que refuerza la idea de que los datos no solo son importantes para las ganancias financieras, sino para el bienestar social.

Por otro lado, la toma de decisiones ágil también implica estar preparado para pivotar. Los datos no siempre son estáticos, y lo que fue cierto ayer puede no serlo hoy. Las empresas más exitosas son aquellas que adoptan una mentalidad de mejora continua, utilizando el análisis de datos para probar, ajustar y optimizar sus estrategias en función de nueva información. De esta manera, los datos no solo reducen la incertidumbre, sino que también proporcionan la flexibilidad necesaria para navegar en un mundo en constante evolución.

4.2 Eliminar sesgos en la toma de decisiones con análisis objetivos

Uno de los mayores obstáculos para la toma de decisiones efectivas es el sesgo cognitivo, que puede distorsionar el juicio y llevar a decisiones subóptimas. Los sesgos, como el de confirmación, donde las personas tienden a buscar solo información que respalde sus creencias previas, o el sesgo de anclaje, donde las decisiones se ven influenciadas excesivamente por la primera información recibida, pueden afectar gravemente los resultados empresariales. Aquí es donde el análisis de datos objetivos entra en juego.

El análisis basado en datos tiene la capacidad de eliminar o reducir significativamente estos sesgos al proporcionar una base objetiva sobre la cual se pueden evaluar las decisiones. Los datos, cuando se analizan correctamente, no tienen prejuicios ni emociones. Esto permite a los líderes empresariales ver la realidad tal como es, en lugar de cómo piensan o desean que sea.

Un claro ejemplo de cómo los datos ayudan a eliminar sesgos es el proceso de contratación de personal. Durante décadas, muchas empresas tomaban decisiones de contratación basadas en impresiones subjetivas durante entrevistas, lo que a menudo resultaba en contrataciones deficientes. Sin embargo, con el uso de análisis de datos en el proceso de reclutamiento, ahora es posible evaluar a los candidatos de manera más objetiva.

Herramientas como los algoritmos de matching de talentos y los análisis predictivos permiten identificar a los mejores candidatos basándose en competencias medibles y rendimiento proyectado, en lugar de depender únicamente de la intuición.

Otro campo donde los datos han ayudado a eliminar sesgos es en la inversión financiera. Los inversores a menudo caen en la trampa de seguir las tendencias del mercado basándose en la euforia o el miedo, lo que puede llevar a decisiones erróneas. Sin embargo, el uso de algoritmos que analizan grandes volúmenes de datos y eliminan el componente emocional ha permitido a los inversores tomar decisiones más racionales, maximizando los rendimientos a largo plazo.

El análisis objetivo también juega un papel fundamental en la evaluación del desempeño empresarial. En lugar de depender de percepciones subjetivas sobre el éxito o el fracaso de un proyecto, los líderes pueden utilizar datos reales para medir el impacto de sus decisiones. Esto no solo reduce los sesgos, sino que también permite una evaluación más justa y precisa, lo que resulta en una mejora continua.

A pesar de los beneficios del análisis objetivo, es importante reconocer que los datos por sí solos no son suficientes. También es necesario contar con un equipo capacitado que sepa interpretar correctamente la información. Sin la habilidad adecuada para analizar y contextualizar los datos, existe el riesgo de que los resultados sean mal interpretados, lo que puede llevar a decisiones igualmente sesgadas. Por ello, invertir en formación y desarrollo de competencias en análisis de datos es una de las mejores estrategias que una organización puede adoptar para mejorar su toma de decisiones.

Los datos no solo son una herramienta para la toma de decisiones más inteligente, sino que también son una ventaja competitiva. Aquellas organizaciones que eliminan los sesgos en su proceso de toma de decisiones pueden actuar con mayor precisión, mejorar sus resultados y adaptarse rápidamente a los cambios del entorno. En un mundo donde la información es poder, las decisiones basadas en datos son la clave para el éxito sostenible.

4.3 Data Storytelling: Transformando análisis complejos en decisiones simples

En la era digital, los datos se han convertido en el combustible que impulsa a las empresas hacia el éxito. Sin embargo, los datos por sí solos no cuentan una historia. Necesitan contexto, interpretación y una narrativa que los haga comprensibles y accionables. Aquí es donde entra en juego el arte del data storytelling, o contar historias con datos.

El data storytelling es la habilidad de traducir análisis complejos en mensajes claros que faciliten la toma de decisiones. Es un enfoque que fusiona tres elementos clave: los datos, la visualización y la narrativa. Sin estos tres componentes, los datos pueden perder su valor, abrumando a la audiencia en lugar de iluminarla.

Imagina que estás en una reunión con altos ejecutivos de una compañía. Tienes a tu disposición un extenso análisis sobre el comportamiento del cliente en los últimos 12 meses, con miles de puntos de datos que revelan patrones de compra, preferencias y tendencias. Presentar todos esos números sin un contexto claro sería contraproducente. Aquí es donde entra el data storytelling. Al interpretar los datos, puedes extraer conclusiones clave que respondan directamente a las preocupaciones de los ejecutivos: "¿Cómo se están comportando nuestros clientes?" y "¿Qué podemos hacer al respecto?"

Una narrativa efectiva podría ser algo como: "En el último trimestre, observamos un aumento del 15% en las compras impulsivas entre nuestros clientes habituales, especialmente aquellos que reciben correos electrónicos promocionales dos veces por semana. Esto sugiere que nuestras campañas de marketing están funcionando, pero también plantea una oportunidad: si mejoramos la personalización de nuestras comunicaciones, podríamos aumentar aún más esta cifra".

Este enfoque no solo presenta los datos, sino que los transforma en una historia clara y accionable. La clave está en enfocarse en lo que más importa para la audiencia, evitando sobrecargar de detalles técnicos y concentrándose en el impacto que esos datos pueden tener en la estrategia empresarial.

Un ejemplo exitoso de data storytelling proviene de Netflix, la plataforma de streaming que todos conocemos. Para ellos, los datos son esenciales no solo para sugerir películas a sus usuarios, sino también para tomar decisiones críticas sobre qué contenido producir. En 2013, cuando decidieron producir House of Cards, no fue solo una corazonada, sino una decisión informada por datos. Analizaron el comportamiento de sus usuarios y observaron que había una gran demanda por contenidos protagonizados por Kevin Spacey y dirigidos por David Fincher. Esta información, combinada con otros factores, les permitió tomar una decisión que los llevó a un éxito rotundo. Netflix utilizó el data storytelling para comunicar su visión a sus inversionistas, asegurando apoyo y confianza en una decisión respaldada por datos sólidos.

Para dominar el data storytelling, necesitas comprender quién es tu audiencia y qué preguntas están tratando de responder. Luego, a través de la visualización efectiva (gráficos, tablas, infografías), puedes transmitir los hallazgos de manera clara y atractiva. La narrativa debe ser simple, enfocada en los puntos clave y vinculada a acciones concretas que se puedan tomar a partir de la información presentada.

4.4 Inteligencia emocional y datos: Cómo equilibrar intuición y análisis

El equilibrio entre intuición y datos es un desafío al que se enfrentan muchos líderes empresariales. En un mundo saturado de información, la tentación de confiar exclusivamente en los números puede ser fuerte. Sin embargo, la inteligencia emocional sigue desempeñando un papel crucial en la toma de decisiones estratégicas.

La inteligencia emocional es la capacidad de comprender y gestionar tus propias emociones, así como las de los demás. En el contexto empresarial, esta habilidad es vital cuando se trata de interpretar datos en un contexto más amplio, considerando no solo los números, sino también el factor humano que influye en ellos. En otras palabras, los datos pueden decirte qué está sucediendo, pero tu intuición y empatía te ayudarán a comprender por qué está sucediendo y qué acciones tomar.

Un ejemplo claro de esto lo vemos en empresas como Amazon. Cuando Jeff Bezos decidió implementar el servicio de Amazon Prime, fue una jugada arriesgada basada no solo en datos, sino también en su intuición y empatía hacia los clientes. Los datos mostraban que los clientes apreciaban la rapidez en las entregas, pero no había una demanda clara de un servicio como Prime. Bezos, sin embargo, intuyó que la conveniencia de una suscripción anual para obtener entregas más rápidas mejoraría significativamente la experiencia del cliente y fomentaría la lealtad. Y tenía razón. Hoy, Amazon Prime es uno de los principales motores de crecimiento de la compañía, con más de 150 millones de suscriptores en todo el mundo.

El punto es que los datos por sí solos no siempre ofrecen una visión completa. Los líderes empresariales deben usar su inteligencia emocional para interpretar los datos dentro del contexto de las necesidades humanas y de las emociones de sus clientes. En una empresa, esto puede significar tomar decisiones que se alineen no solo con las tendencias de mercado, sino también con los valores y la cultura de la organización. Al equilibrar el análisis con la intuición, los líderes pueden tomar decisiones más informadas y empáticas.

¿Cómo puedes mejorar este equilibrio en tu toma de decisiones? Empieza por cultivar una mayor conciencia de las emociones que rodean los datos. ¿Qué sienten tus clientes? ¿Qué sienten tus empleados? A partir de allí, usa los datos como una herramienta para validar o refutar tus hipótesis, pero no como un sustituto de la experiencia humana. Este enfoque te permitirá tomar decisiones más completas y centradas en las personas.

4.5 Estudio de caso: Cómo los líderes exitosos usan datos para decisiones críticas

Para ilustrar cómo los líderes empresariales utilizan los datos en la toma de decisiones críticas, examinemos el caso de Starbucks, una de las empresas más innovadoras en cuanto al uso de datos se refiere.

Starbucks ha integrado datos en el centro de su estrategia de crecimiento. Utilizan una plataforma avanzada de inteligencia artificial llamada Deep Brew, que analiza vastas cantidades de datos sobre las preferencias de los clientes, el rendimiento de las tiendas, las condiciones del mercado y mucho más. Estos datos se utilizan para personalizar las ofertas a los clientes, optimizar la cadena de suministro y mejorar la experiencia del cliente en cada tienda.

En un momento clave de su expansión global, Starbucks tuvo que decidir en qué mercados concentrarse y cómo adaptar su estrategia a diferentes regiones. Utilizando datos geográficos, demográficos y de comportamiento del consumidor, la compañía pudo identificar patrones de consumo específicos en diferentes partes del mundo. En Asia, por ejemplo, descubrieron que había una gran demanda por productos premium, mientras que en América Latina, las preferencias se inclinaban hacia un servicio más rápido y opciones más asequibles.

Con esta información, Starbucks adaptó sus operaciones. En mercados como China, invirtieron en tiendas de lujo y ampliaron su gama de productos exclusivos, mientras que en América Latina, optimizaron el tiempo de servicio y lanzaron promociones enfocadas en la rapidez. Esta adaptación no hubiera sido posible sin una estrategia impulsada por datos, pero también fue fundamental la inteligencia emocional y la intuición de los líderes para interpretar los datos y anticipar las necesidades de cada mercado.

Además de la expansión geográfica, Starbucks también ha utilizado datos para innovar en su oferta de productos. Por ejemplo, cuando introdujeron su línea de bebidas frías, fue en respuesta a un análisis de datos que mostraba un aumento en la demanda de bebidas refrescantes, especialmente entre los clientes más jóvenes. Al cruzar esta información con sus estudios sobre preferencias de sabores y tendencias de consumo, Starbucks pudo desarrollar una línea de productos que ha sido un éxito rotundo.

Lo más notable de este caso es cómo Starbucks ha integrado el data storytelling en su proceso de toma de decisiones. Los líderes no solo reciben informes llenos de cifras, sino que también se les presenta una narrativa clara que destaca cómo esos datos pueden influir en la estrategia y qué pasos deben seguir a continuación.

El uso de datos para tomar decisiones estratégicas es un diferenciador clave para las empresas modernas. Sin embargo, para que los datos sean verdaderamente efectivos, deben presentarse de manera clara y comprensible a través del data storytelling, equilibrarse con la inteligencia emocional, y ser utilizados de manera crítica en momentos clave. Los líderes exitosos como Jeff Bezos y Starbucks han demostrado que los datos, combinados con la intuición y la empatía, pueden llevar a decisiones que transformen la trayectoria de una empresa.

A lo largo de los temas de data storytelling, inteligencia emocional aplicada al análisis de datos, y el uso estratégico de datos en la toma de decisiones, surgen varios desafíos críticos que enfrentan los líderes empresariales. A continuación, se plantean tres interrogantes clave que invitan a una reflexión más profunda, apoyadas en citas de autores relevantes.

1. ¿Cómo lograr un equilibrio efectivo entre la narrativa de datos y la precisión técnica sin perder la claridad?

Uno de los mayores desafíos del data storytelling es encontrar el equilibrio entre presentar datos de manera clara y accesible, sin sacrificar la precisión o complejidad del análisis. Nancy Duarte, experta en comunicación visual, subraya en su libro DataStory que "la forma en que se presentan los datos influye directamente en la capacidad de los líderes para tomar decisiones informadas"〖Duarte, 2019〗. Si los datos se simplifican en exceso, corremos el riesgo de omitir detalles esenciales; sin embargo, si son demasiado técnicos, pueden volverse incomprensibles para la audiencia.

Este desafío plantea la interrogante: ¿Cómo los líderes pueden transformar datos complejos en una narrativa poderosa, sin comprometer la precisión y la acción? La respuesta radica en dominar tanto las herramientas de visualización como la capacidad de sintetizar la información más relevante. Según Cole Nussbaumer Knaflic, autora de Storytelling with Data, "el reto es conectar los datos con las personas, identificando qué información es útil y cómo presentarla de manera que genere impacto"〖Knaflic, 2015〗. Esto implica no solo presentar los datos, sino también contextualizarlos de manera que el mensaje clave sea inconfundible.

2. ¿Cómo pueden los líderes utilizar tanto la intuición como los datos sin caer en la trampa de la "sobrecarga de información"?

Con la creciente disponibilidad de datos, muchos líderes corren el riesgo de depender exclusivamente de los números, olvidando la importancia de la inteligencia emocional en la toma de decisiones. Daniel Goleman, en su obra Emotional Intelligence, sostiene que "la intuición y la empatía son esenciales para comprender el contexto humano detrás de las decisiones empresariales"〖Goleman, 1995〗. No se trata solo de lo que los datos muestran, sino de interpretar las emociones y motivaciones que influyen en el comportamiento de las personas.

La interrogante aquí es: ¿Cómo pueden los líderes integrar la inteligencia emocional y el análisis de datos para tomar decisiones más equilibradas y humanas? Este dilema se puede resolver reconociendo que los datos no siempre ofrecen respuestas absolutas. Tal como lo sugiere Jeff Bezos, fundador de Amazon, "nuestra toma de decisiones depende tanto de nuestros instintos como de nuestros datos"〖Bezos, 2016〗. Al fusionar el análisis técnico con la intuición, los líderes pueden abordar la complejidad de la toma de decisiones de manera más integral, evitando la sobrecarga de información que puede paralizar la acción.

3. ¿Cómo asegurar que las decisiones basadas en datos mantengan una conexión con la visión estratégica a largo plazo de la organización?

Las empresas líderes deben enfrentar el desafío de que los datos y su análisis no solo se centren en el presente, sino también en cómo pueden informar y moldear la visión a largo plazo de la organización. En su libro Competing on Analytics, Thomas Davenport argumenta que "el verdadero valor de los datos radica en su capacidad para impulsar una ventaja competitiva sostenible"〖Davenport, 2007〗. Los líderes deben asegurarse de que sus decisiones basadas en datos no solo resuelvan problemas inmediatos, sino que también alineen a la empresa con su estrategia de crecimiento a largo plazo.

La interrogante que surge aquí es: ¿Cómo pueden las empresas usar los datos de manera estratégica para asegurar un crecimiento sostenido, en lugar de simplemente reaccionar a las circunstancias actuales? La respuesta radica en tener una visión clara y usar los datos como una herramienta para confirmar o ajustar esa visión. Como lo señala Howard Dresner, pionero en la inteligencia empresarial, "las decisiones basadas en datos deben estar alineadas con los objetivos generales de la empresa para que tengan un impacto real a largo plazo"【Dresner, 2012】. Es crucial que las empresas no se pierdan en el análisis del presente, sino que utilicen los datos para crear una hoja de ruta sólida hacia el futuro.

5. MEDICIÓN Y OPTIMIZACIÓN DEL RENDIMIENTO EMPRESARIAL

Medir el rendimiento de una empresa es como tomar el pulso a un atleta de élite. Sin datos precisos y análisis constantes, no se puede mejorar lo que no se puede medir. Hoy en día, la tecnología ha transformado la manera en que las empresas monitorizan su rendimiento. Ya no es suficiente seguir una hoja de cálculo o hacer una revisión anual; las compañías exitosas implementan sistemas de medición continua, basados en datos en tiempo real, para optimizar sus operaciones y mantenerse competitivas.

Este capítulo te guiará a través del proceso de crear un sistema robusto de medición de rendimiento empresarial, basado en datos, y te mostrará cómo usar herramientas de benchmarking para comparar tu empresa con los líderes de la industria. Con una metodología clara y orientada a la acción, podrás transformar la manera en que gestionas el crecimiento de tu empresa y asegurar su éxito sostenible a largo plazo.

5.1 Estableciendo un sistema de medición continuo basado en datos

El rendimiento empresarial no es algo que se pueda medir una vez y luego olvidarlo. Para verdaderamente sacar provecho de los datos, necesitas un sistema que esté en constante evolución, ajustándose a los cambios del mercado y a las dinámicas internas de la empresa. Este sistema debe ser lo suficientemente ágil para ofrecer información actualizada que te permita tomar decisiones en tiempo real, y lo suficientemente sólido como para proporcionarte una visión a largo plazo del rendimiento.

La importancia de los KPIs (Indicadores Clave de Rendimiento)

El primer paso para establecer un sistema de medición continuo es definir claramente qué quieres medir. Aquí es donde entran los KPIs. Estos indicadores clave te dan una visión cuantificable de los factores más críticos para el éxito de tu empresa.

Por ejemplo, si tienes un negocio de comercio electrónico, algunos de tus KPIs más importantes pueden ser:

- Tasa de conversión: ¿Cuántos visitantes a tu página web realizan una compra?

- Valor medio del pedido (AOV): ¿Cuánto gasta cada cliente en promedio?

- Coste de adquisición de clientes (CAC): ¿Cuánto te cuesta adquirir un nuevo cliente?

Una vez que definas tus KPIs, el siguiente paso es garantizar que estén alineados con tus objetivos estratégicos. ¿Quieres aumentar tus ingresos? Entonces los KPIs deberían reflejar métricas relacionadas con ventas y clientes. ¿Buscas mejorar la eficiencia operativa? Entonces necesitas medir tiempos de producción, tasas de error y eficiencia en la cadena de suministro.

Implementación de herramientas de análisis de datos

Hoy en día, hay una abundancia de herramientas que puedes utilizar para recopilar y analizar los datos necesarios para tus KPIs. Plataformas como Google Analytics, Power BI, o Tableau son ejemplos poderosos de software que pueden ayudarte a transformar datos en información procesable.

Lo más importante aquí es la automatización. No deberías estar revisando manualmente los datos cada día o semana. Implementa sistemas automatizados que generen informes regulares sobre tus KPIs más importantes. Estos informes no solo te ahorrarán tiempo, sino que también te permitirán detectar patrones que podrían pasar desapercibidos con una revisión manual.

Visualización de datos para una toma de decisiones ágil

Un aspecto clave para cualquier sistema de medición basado en datos es la visualización efectiva de los datos. No basta con tener los números; necesitas presentarlos de manera clara y comprensible para poder tomar decisiones rápidas. Dashboards en tiempo real son una herramienta excelente para visualizar los datos de manera clara y dinámica. Estos tableros te permiten ver los KPIs en un solo lugar, con gráficos y tablas que muestran tendencias y cambios a lo largo del tiempo.

Imagina que gestionas una empresa de logística. Tener un dashboard en tiempo real que muestre el estado de los envíos, los tiempos de entrega y los niveles de inventario, te permitirá reaccionar rápidamente a posibles retrasos, optimizar rutas y mantener la eficiencia operativa.

Feedback continuo para la mejora constante

Un buen sistema de medición también requiere de un ciclo constante de retroalimentación. Esto significa que no solo deberías estar midiendo tu rendimiento, sino también ajustando tus estrategias en función de esos datos. Si un KPI importante como la satisfacción del cliente empieza a bajar, es una señal clara de que algo necesita cambiar. Al recibir esa retroalimentación de manera continua, puedes tomar medidas inmediatas para corregir el rumbo y mejorar tu rendimiento.

Implementar un ciclo de retroalimentación basado en datos significa fomentar una cultura de mejora continua en tu empresa. Tus equipos deben estar acostumbrados a trabajar con datos y utilizarlos para tomar decisiones en todos los niveles.

5.2 Benchmarking: Comparando tu rendimiento con los líderes del mercado

Una parte crucial del proceso de medición y optimización es saber cómo te comparas con otros en tu industria. Ahí es donde entra el benchmarking. Este proceso consiste en analizar el rendimiento de tu empresa frente a los mejores en tu sector. No se trata solo de observar a la competencia directa, sino también de aprender de los líderes del mercado para elevar tus propios estándares.

Identificar competidores clave y líderes del mercado

El primer paso en cualquier estrategia de benchmarking es identificar a quién vas a comparar. ¿Son tus competidores directos o las empresas líderes del mercado? Quizá no sea posible competir directamente con gigantes como Amazon o Google, pero sí puedes aprender de sus mejores prácticas y adaptar lo que sea relevante para tu negocio.

Por ejemplo, si estás en el sector de software, podrías estudiar a empresas como Salesforce o Microsoft para ver cómo gestionan su ciclo de ventas o cómo optimizan sus procesos internos. Las lecciones que extraigas de estas empresas te ayudarán a elevar tu propio nivel de competencia.

Análisis de puntos de referencia (benchmarks)

Una vez que hayas identificado a tus competidores y líderes de la industria, el siguiente paso es encontrar puntos de referencia clave. Esto podría incluir métricas como:

- Tiempo de entrega: ¿Cuánto tardan en completar un pedido desde la compra hasta la entrega?

- Tasa de retención de clientes: ¿Cuántos de sus clientes vuelven a comprar después de la primera transacción?

- Productividad por empleado: ¿Qué tan eficientes son sus empleados en comparación con los tuyos?

El objetivo del benchmarking no es simplemente comparar números, sino comprender por qué estas empresas están superando a otras. ¿Qué procesos tienen en marcha que les permiten ser más eficientes? ¿Cómo están utilizando la tecnología o el capital humano de maneras más efectivas?

Adopta las mejores prácticas, pero mantén tu identidad

El benchmarking es una excelente herramienta para identificar áreas de mejora, pero no se trata de copiar ciegamente lo que hacen otros. Tienes que adaptar las mejores prácticas que descubras de manera que se alineen con la cultura y los objetivos de tu empresa. Es fundamental que no pierdas tu identidad en el proceso.

Por ejemplo, si estás en el sector de retail y descubres que una cadena líder utiliza inteligencia artificial para predecir las tendencias de compra, podrías investigar cómo implementar una solución similar. Pero es importante que adaptes esa tecnología a las particularidades de tu negocio, en lugar de simplemente intentar replicar su modelo.

Benchmarking interno: Aprende de ti mismo

El benchmarking no siempre tiene que hacerse contra la competencia. Puedes y debes realizar benchmarking interno, comparando el rendimiento de diferentes equipos, departamentos o incluso filiales dentro de tu propia organización. Esto te permite identificar áreas donde un equipo o un proceso está funcionando mejor que otro, y aplicar esas lecciones en toda la empresa.

Imagina que tu departamento de ventas en una región ha tenido un crecimiento constante, mientras que en otra región las ventas han disminuido. Al comparar los procesos, estrategias y enfoques de estos dos equipos, puedes descubrir las diferencias que están afectando los resultados y aplicar esos aprendizajes para mejorar el rendimiento de las áreas rezagadas.

Monitoreo continuo y ajuste de estrategias

El benchmarking no es un proceso estático; debe ser un componente continuo en tu estrategia de optimización empresarial. El mercado cambia, y lo que es un punto de referencia hoy puede no ser relevante mañana. Por eso, es importante revisar y ajustar tus benchmarks regularmente para asegurarte de que sigues apuntando hacia los estándares más actuales y relevantes de tu industria.

De la misma manera que actualizas tus KPIs, debes hacer un seguimiento constante de tus esfuerzos de benchmarking. Esto te ayudará a mantenerte enfocado en las mejores prácticas, a identificar nuevas oportunidades de mejora y a asegurar que tu empresa siga compitiendo al más alto nivel.

Medir y optimizar el rendimiento empresarial es un esfuerzo continuo que requiere la combinación de herramientas, datos y análisis con una visión estratégica clara. Al establecer un sistema de medición basado en datos y utilizar el benchmarking para compararte con los líderes del mercado, puedes identificar áreas de mejora, adoptar las mejores prácticas y asegurar que tu empresa esté siempre en camino hacia un rendimiento superior.

Este enfoque basado en la mejora continua no solo te ayudará a optimizar tus procesos, sino que también fomentará una cultura de excelencia dentro de tu organización. Los datos y la comparación con los mejores son la clave para seguir creciendo, innovando y manteniéndote competitivo en el mercado actual.

5.3 Data-driven marketing: Cómo optimizar campañas publicitarias en tiempo real

El marketing ha pasado de ser un arte basado en la intuición a una ciencia guiada por datos. En el mundo hiperconectado de hoy, las empresas exitosas son aquellas que aprovechan el marketing basado en datos para ajustar y optimizar sus campañas publicitarias en tiempo real. Este enfoque permite a las marcas no solo comprender mejor a su audiencia, sino también reaccionar rápidamente a los cambios en las preferencias y comportamientos del consumidor.

¿Qué es el marketing basado en datos?

El marketing basado en datos (data-driven marketing) implica el uso de información recopilada de diversas fuentes, como interacciones en redes sociales, comportamiento en línea, transacciones de compra y análisis web, para tomar decisiones de marketing más inteligentes y efectivas. El objetivo es mejorar el rendimiento de las campañas publicitarias mediante la personalización y segmentación basada en datos reales.

Por ejemplo, si una tienda online ve que ciertos productos se venden mejor entre usuarios de 25 a 35 años durante los fines de semana, puede ajustar sus campañas publicitarias en tiempo real para enfocarse más en esa audiencia en ese periodo. Esto maximiza la eficiencia del gasto publicitario y aumenta las conversiones.

Optimización en tiempo real: de la teoría a la práctica

Uno de los mayores beneficios del marketing basado en datos es la capacidad de optimizar las campañas en tiempo real. Imagina que lanzas una campaña de anuncios en redes sociales para promocionar un nuevo producto. Durante las primeras 24 horas, te das cuenta de que los anuncios con videos de demostración tienen un CTR (tasa de clics) mucho más alto que los anuncios con imágenes estáticas. Utilizando herramientas de análisis en tiempo real, puedes ajustar tu campaña rápidamente, priorizando el contenido en video para maximizar los resultados.

Además, las plataformas publicitarias como Google Ads o Facebook Ads ofrecen información en tiempo real sobre el rendimiento de los anuncios. Estos datos permiten hacer ajustes inmediatos en aspectos como:

- Público objetivo: Si un segmento de tu audiencia no está respondiendo bien a la campaña, puedes modificarlo para enfocarte en un público más receptivo.

- Creatividad: Puedes cambiar los elementos visuales, los textos y los llamados a la acción (CTAs) si ves que un formato está funcionando mejor que otro.

- Presupuesto: Redistribuir el presupuesto entre los anuncios que están teniendo mejor desempeño es esencial para evitar el desperdicio de recursos.

Ejemplo: Nike y su enfoque en datos

Nike es un excelente ejemplo de una marca que utiliza el marketing basado en datos para optimizar sus campañas en tiempo real. A través de su aplicación Nike+, la empresa recopila enormes cantidades de datos sobre los hábitos de ejercicio de sus usuarios. Esta información permite a Nike crear campañas publicitarias personalizadas para cada usuario, basadas en sus preferencias de actividad y estilo de vida.

Cuando Nike lanza una nueva línea de zapatillas para correr, puede segmentar su audiencia con precisión, mostrando anuncios diferentes a los corredores casuales y a los atletas de alto rendimiento. Si durante el lanzamiento, notan que los anuncios dirigidos a los corredores casuales tienen más éxito, pueden ajustar la campaña en tiempo real para enfocarse más en ese grupo, maximizando el impacto de la publicidad.

5.4 Herramientas clave para medir y optimizar el ROI

Medir el retorno de la inversión (ROI) en marketing ha sido históricamente un desafío. Sin embargo, con las herramientas adecuadas, es posible no solo medir el ROI con precisión, sino también optimizar las campañas para obtener el máximo rendimiento.

¿Qué es el ROI en marketing?

El ROI en marketing es una métrica que mide la ganancia generada por una campaña publicitaria en relación con su coste. Es esencial para determinar si una campaña fue exitosa y si el presupuesto publicitario se utilizó de manera eficiente. Un ROI positivo significa que los ingresos generados superaron los costos, mientras que un ROI negativo indica que la campaña no fue rentable.

Para calcular el ROI en marketing, puedes usar la siguiente fórmula:

$$\text{ROI} = \frac{\text{Ingresos obtenidos} - \text{Coste de la campaña}}{\text{Coste de la campaña}} \times 100$$

Herramientas esenciales para medir el ROI

1. Google Analytics

Google Analytics es una de las herramientas más poderosas para medir el rendimiento de las campañas de marketing digital. Te permite rastrear el tráfico web, las conversiones y el comportamiento de los usuarios. Con la integración de Google Ads, puedes ver cómo las campañas de pago por clic (PPC) están impactando directamente en las ventas y otros objetivos comerciales.

Por ejemplo, si tienes una tienda online y lanzas una campaña publicitaria para promocionar una oferta especial, puedes utilizar Google Analytics para medir cuántos usuarios llegaron a tu sitio desde los anuncios, cuántos de ellos completaron una compra y cuál fue el valor promedio de esas transacciones. Esto te dará una visión clara del ROI de la campaña.

2. HubSpot

HubSpot es una plataforma de automatización de marketing que ofrece herramientas para medir el rendimiento de las campañas de email marketing, redes sociales y otras estrategias digitales. Una de sus características más valiosas es la capacidad de rastrear el recorrido del cliente desde el primer contacto hasta la conversión, lo que facilita el cálculo del ROI.

Por ejemplo, si realizas una campaña de email marketing para promocionar un nuevo producto, HubSpot te mostrará cuántos de los destinatarios abrieron el correo, hicieron clic en el enlace y finalmente realizaron una compra. Esto te permite ver el impacto directo de la campaña y ajustar futuras estrategias.

3. Facebook Ads Manager

Si realizas campañas en Facebook, su Ads Manager ofrece herramientas detalladas para medir el rendimiento y calcular el ROI. Puedes ver métricas como el alcance, las interacciones, el CTR y las conversiones. Además, puedes usar la función de atribución de conversiones para entender qué anuncios y audiencias están generando más ventas.

Por ejemplo, si una campaña en Facebook está generando muchas visitas a tu sitio web pero pocas conversiones, puedes ajustar el contenido del anuncio o el llamado a la acción para mejorar el rendimiento y maximizar el ROI.

4. Tableau

Tableau es una plataforma avanzada de análisis y visualización de datos que te permite consolidar datos de diferentes fuentes y generar informes visuales detallados. Si tu empresa maneja grandes volúmenes de datos de varias campañas, Tableau es ideal para crear dashboards personalizados que te ayuden a monitorear el ROI en tiempo real.

5.5 Estudio de caso: Empresas que han transformado su rendimiento mediante la optimización continua

Las empresas que han adoptado la optimización continua en sus campañas de marketing han visto mejoras drásticas en su rendimiento. A continuación, se presentan ejemplos de cómo varias marcas han implementado este enfoque con éxito.

Caso 1: Coca-Cola y la segmentación basada en datos

Coca-Cola es un gigante del marketing que siempre ha estado a la vanguardia en el uso de datos para optimizar sus campañas. En lugar de depender de estrategias publicitarias generales, Coca-Cola ha adoptado un enfoque basado en microsegmentación. Utilizan datos de clientes para personalizar los mensajes según los intereses y comportamientos específicos de cada grupo demográfico.

Por ejemplo, durante su famosa campaña "Share a Coke", Coca-Cola implementó una estrategia de marketing basada en la personalización masiva, imprimiendo nombres comunes en sus latas y botellas. Al monitorear las ventas y la participación en redes sociales en tiempo real, pudieron ajustar la distribución de los productos personalizados según la demanda en diferentes regiones. Esta campaña no solo aumentó las ventas, sino que también generó un engagement masivo en redes sociales.

Caso 2: Amazon y la optimización constante del marketing digital

Amazon ha perfeccionado el arte de la optimización continua. Con millones de clientes en todo el mundo, la empresa utiliza datos masivos para ajustar sus campañas publicitarias y su experiencia de usuario en tiempo real. Uno de los factores clave de su éxito es el uso de la inteligencia artificial para personalizar las recomendaciones de productos.

Por ejemplo, cuando un cliente visita Amazon, los anuncios y las recomendaciones de productos que ve están completamente personalizados en función de su historial de búsqueda, compras previas y comportamiento de navegación. Además, Amazon utiliza pruebas A/B constantes para ajustar su página de inicio, anuncios y correos electrónicos promocionales. Estos ajustes en tiempo real han permitido a Amazon maximizar el rendimiento de sus campañas y mejorar significativamente el ROI.

Caso 3: Spotify y la personalización impulsada por datos

Spotify es otra empresa que ha transformado su rendimiento mediante la optimización continua basada en datos. Con millones de usuarios activos en todo el mundo, Spotify recopila enormes cantidades de datos sobre los hábitos de escucha de sus usuarios, lo que le permite personalizar tanto la experiencia de usuario como su publicidad.

Un ejemplo claro de esta optimización es su función "Discover Weekly", una lista de reproducción personalizada que se actualiza cada semana con canciones recomendadas basadas en los gustos y preferencias de los usuarios. Para sus campañas publicitarias, Spotify utiliza estos datos para segmentar su audiencia y ofrecer anuncios dirigidos, lo que maximiza la efectividad de sus campañas.

Spotify también ajusta sus campañas en tiempo real en función del rendimiento. Si una campaña está obteniendo más éxito entre un determinado grupo demográfico, pueden reorientar los anuncios para enfocarse más en esa audiencia específica, asegurando que su presupuesto publicitario se utilice de manera óptima.

La optimización continua y el marketing basado en datos son esenciales para cualquier empresa que quiera destacar en un mercado competitivo. Al utilizar herramientas avanzadas para medir y optimizar el ROI, y al analizar el éxito de empresas líderes como Coca-Cola, Amazon y Spotify, queda claro que la clave del éxito en el marketing digital es ajustar las campañas en tiempo real para maximizar el impacto. Las marcas que dominen el marketing basado en datos estarán mejor posicionadas para atraer y retener a sus clientes en un mundo cada vez más digital.

Sección	Concepto Clave	Ejemplo o Caso	Métricas/Relevancia	Herramientas Utilizadas
5.3 Data-driven marketing	Optimización de campañas en tiempo real	Nike	Segmentación de audiencia en tiempo real basada en datos de comportamiento de usuarios.	Google Ads, Facebook Ads
			Mejora del CTR mediante ajuste de contenido (videos vs imágenes estáticas)	Herramientas de análisis en tiempo real
	Microsegmentación	Coca-Cola (Campaña "Share a Coke")	Ajustes en tiempo real de distribución de productos personalizados según la demanda regional.	Monitorización de ventas, análisis en redes sociales
	Inteligencia artificial para personalización	Amazon	Personalización constante de anuncios y recomendaciones de productos según historial de compra.	Pruebas A/B, herramientas de IA

5.4 Herramientas para medir ROI	Google Analytics	E-commerce	Medición de tráfico, conversiones y valor de transacción.	Google Analytics (integración con Google Ads)
	HubSpot	Email marketing	Rastreo del recorrido del cliente, desde el primer contacto hasta la conversión.	HubSpot (automatización de marketing)
	Facebook Ads Manager	Facebook Ads	Análisis de métricas: CTR, alcance, conversiones. Atribución de conversiones para optimización de campañas.	Facebook Ads Manager
	Tableau	Análisis avanzado de datos	Visualización de datos complejos y creación de dashboards personalizados para monitoreo en tiempo real.	Tableau (visualización de datos)
5.5 Estudio de caso: Optimización	Segmentación basada en datos	Coca-Cola	Segmentación detallada en tiempo real para mejorar el rendimiento de	Análisis en redes sociales, datos de ventas

			campañas.	
	Personalización de marketing digital	Amazon	Personalización continua basada en historial de usuario, mejoras en CTR y ROI.	Pruebas A/B, IA para personalización
	Personalización impulsada por datos	Spotify	Listas de reproducción y anuncios personalizados basados en hábitos de usuario.	Análisis de datos, algoritmos de IA, pruebas en tiempo real

APÉNDICES

A. Herramientas Recomendadas para el Análisis de Datos

En este apéndice, se presenta una selección de herramientas esenciales para realizar un análisis de datos efectivo, independientemente del tamaño o sector de la empresa. Estas plataformas ayudan a tomar decisiones basadas en datos, optimizando el rendimiento y facilitando la visualización de insights clave.

1. Power BI

Ideal para visualización de datos y análisis en tiempo real. Perfecto para empresas que buscan integrar múltiples fuentes de datos y crear dashboards interactivos.

2. Tableau

Conocido por su capacidad para crear visualizaciones potentes y fáciles de usar. Tableau se adapta tanto a usuarios avanzados como principiantes, permitiendo una exploración profunda de los datos.

3. Google Data Studio

Una opción gratuita de Google para la visualización de datos. Es excelente para conectar diferentes fuentes de datos y generar informes interactivos.

4. Python (con Pandas y Matplotlib)

Para análisis más técnicos y personalizados. Las bibliotecas Pandas y Matplotlib permiten manipular grandes volúmenes de datos y crear gráficos detallados.

5. SQL

Imprescindible para manejar grandes bases de datos y extraer insights clave. Es una herramienta fundamental para empresas que necesitan acceder a grandes volúmenes de información almacenada.

6. RStudio

Es una plataforma avanzada para el análisis estadístico y visualización de datos. Ideal para empresas que requieren modelos predictivos complejos.

7. Excel

Aunque más básico, sigue siendo una herramienta crucial para pequeñas y medianas empresas. Su capacidad de análisis con tablas dinámicas y gráficos sigue siendo muy valorada.

8. Google Analytics

Herramienta esencial para el análisis de tráfico web y comportamiento del usuario. Perfecta para empresas de marketing digital y comercio electrónico.

B. Plantillas de KPIs para Negocios de Diferentes Sectores

Este apéndice proporciona una colección de plantillas de KPIs clave que pueden ser adaptadas a diferentes industrias, ayudando a las empresas a medir y mejorar su desempeño en función de objetivos específicos.

1. Sector Retail

- KPI de Ventas: Crecimiento porcentual de ventas (mensual/trimestral/anual), valor promedio de la transacción, tasa de conversión.

- KPI de Clientes: Retención de clientes, tasa de satisfacción del cliente, promedio de visitas por cliente.

- KPI de Inventario: Rotación de inventario, porcentaje de productos fuera de stock, tiempo de reabastecimiento.

2. Sector Tecnología

- KPI de Producto: Tasa de adopción de producto, uso diario activo (DAU), tasa de retención de usuarios.

- KPI de Desempeño de Equipos: Tiempo promedio de desarrollo por sprint, eficiencia en la entrega de proyectos, velocidad de resolución de errores.

- KPI Financiero: Ingresos recurrentes mensuales (MRR), tasa de churn, costo por adquisición de cliente (CAC).

3. Sector Salud

- KPI de Pacientes: Tiempo promedio de espera, satisfacción del paciente, tasa de retorno de pacientes.

- KPI de Operaciones: Tiempo promedio de respuesta de emergencias, tasa de éxito de cirugías, costos operativos por paciente.

- KPI de Recursos Humanos: Rotación de personal médico, nivel de capacitación, horas de trabajo por empleado.

4. Sector Financiero

- KPI de Rentabilidad: Margen neto, retorno sobre la inversión (ROI), relación costo-ingreso.

- KPI de Riesgo: Proporción de préstamos incobrables, índice de solvencia, riesgo de crédito.

- KPI de Clientes: Tiempo promedio de respuesta a solicitudes, tasa de retención de clientes, nivel de satisfacción del cliente.

5. Sector Logística y Transporte

- KPI de Operaciones: Tiempo de entrega promedio, costo por kilómetro, porcentaje de entregas a tiempo.

- KPI de Inventario: Precisión de inventario, tiempo de ciclo de pedido, utilización del almacén.

- KPI de Satisfacción del Cliente: Niveles de quejas por retrasos, tiempo promedio de resolución de problemas, porcentaje de clientes recurrentes.

C. Glosario de Términos Clave en Data-Driven Decision Making

1. Análisis Predictivo

Técnica de análisis de datos que utiliza modelos estadísticos y algoritmos para predecir futuros resultados basados en datos históricos.

2. Big Data

Conjunto de datos tan grandes y complejos que requieren herramientas avanzadas de procesamiento y análisis para obtener insights.

3. Business Intelligence (BI)

Conjunto de estrategias, tecnologías y procesos utilizados para analizar datos empresariales y convertirlos en información útil para la toma de decisiones.

4. Dashboards

Paneles interactivos que presentan métricas clave y datos en tiempo real, facilitando la visualización y comprensión rápida de información relevante.

5. Data Lake

Almacenamiento centralizado de grandes volúmenes de datos en su formato original, que pueden ser estructurados, semiestructurados o no estructurados.

6. Data Mining

Proceso de examinar grandes volúmenes de datos para identificar patrones, correlaciones o tendencias útiles para la toma de decisiones.

7. Data-Driven

Estrategia empresarial donde las decisiones se basan en la recolección y análisis de datos, en lugar de en intuiciones o suposiciones.

8. ETL (Extract, Transform, Load)

Proceso de extraer datos de diversas fuentes, transformarlos según las necesidades de análisis, y cargarlos en un sistema de almacenamiento, como un data warehouse.

9. KPI (Key Performance Indicator)

Métricas clave utilizadas para medir el rendimiento de una empresa, equipo o proceso en función de sus objetivos estratégicos.

10. Machine Learning

Subcampo de la inteligencia artificial (IA) que permite a los sistemas aprender y mejorar automáticamente a partir de los datos, sin ser explícitamente programados.

11. Modelos Prescriptivos

Modelos analíticos que no solo predicen lo que sucederá, sino que también proporcionan recomendaciones sobre cómo actuar en función de esas predicciones.

12. ROI (Return on Investment)

Medida financiera que calcula el beneficio generado en relación con la inversión realizada, utilizada para evaluar la eficiencia de una inversión.

13. SQL (Structured Query Language)

Lenguaje de programación utilizado para gestionar y manipular bases de datos relacionales.

14. Toma de Decisiones Basada en Datos

Proceso de tomar decisiones empresariales utilizando datos, métricas y análisis en lugar de basarse en la intuición o experiencia.

15. Visualización de Datos

Representación gráfica de datos que facilita la interpretación y el análisis rápido de grandes volúmenes de información.

D. Recursos Adicionales para Seguir Creciendo en la Toma de Decisiones Basada en Datos

1. Libros Recomendados

- Competing on Analytics por Thomas H. Davenport y Jeanne G. Harris: Un clásico sobre cómo las empresas pueden utilizar el análisis de datos para obtener ventajas competitivas.

- Data Science for Business por Foster Provost y Tom Fawcett: Explica los principios fundamentales de la ciencia de datos aplicada a la toma de decisiones empresariales.

- The Data Warehouse Toolkit por Ralph Kimball: Guía exhaustiva sobre cómo diseñar y construir un almacén de datos efectivo.

2. Cursos en Línea

- Coursera: Data Science Specialization

Ofrecido por la Universidad Johns Hopkins, este curso cubre técnicas clave en análisis de datos y la aplicación de modelos predictivos.

- edX: Business Analytics for Data-Driven Decision Making

Ofrecido por Boston University, este curso explora cómo las empresas pueden utilizar análisis de datos para tomar decisiones estratégicas.

- Udemy: Master Data Visualization in Python with Seaborn & Matplotlib

Curso práctico para dominar la visualización de datos utilizando Python.

3. Blogs y Publicaciones

- Towards Data Science: Blog en Medium dedicado a la ciencia de datos, visualización y machine learning.

- DataCamp Blog: Ofrece artículos, tutoriales y consejos sobre análisis de datos, desde herramientas como Python y R hasta técnicas avanzadas de machine learning.

- Harvard Business Review - Analytics: Publicaciones periódicas sobre cómo los datos están transformando los negocios.

4. Herramientas y Software

- Kaggle: Plataforma donde se pueden practicar habilidades de ciencia de datos y competir en desafíos relacionados con la toma de decisiones basada en datos.

- Power BI Community: Foro y comunidad para aprender, compartir conocimientos y resolver problemas relacionados con Power BI.

- Tableau Public: Espacio donde puedes explorar dashboards creados por otros usuarios y compartir tus propios análisis.

5. Webinars y Conferencias

- Data Science Central Webinars: Ofrecen seminarios web gratuitos sobre temas de análisis de datos, inteligencia artificial y big data.

- The AI & Big Data Expo: Conferencia global que cubre los desarrollos más recientes en inteligencia artificial, machine learning y análisis de datos a nivel empresarial.

6. Certificaciones

- Certified Analytics Professional (CAP): Certificación que demuestra competencia avanzada en el uso del análisis de datos para la toma de decisiones empresariales.

- Microsoft Certified: Data Analyst Associate: Certificación especializada en el uso de Power BI para análisis y visualización de datos.

FIN